SUSANNE JUHNKE

# Was bleibt, ist die Liebe

# SUSANNE JUHNKE

# Was bleibt, ist die Liebe

### Wie ich meinen Mann an das Vergessen verlor

**HEYNE ‹**

Verlagsgruppe Random House FSC® N001967


Copyright © 2016 by Wilhelm Heyne Verlag, München,
in der Verlagsgruppe Random House GmbH,
Neumarkter Str. 28, 81673 München
Redaktion: Friedel Wahren
Bildredaktion: Anka Hartenstein
Umschlaggestaltung: Nele Schütz Design
Umschlagfoto: *oben:* © Susanne Krauss, Grafing;
*unten:* © Ullstein/Binder
Satz: Leingärtner, Nabburg
Druck und Bindung: GGP Media GmbH, Pößneck
Printed in Germany
ISBN: 978-3-453-20117-0


www.heyne.de

*Für Oliver*
*und meine treuen Lebensweggefährten*

# Vorwort

*Anfangs wollt ich fast verzagen,*
*Und ich glaubt, ich trüg es nie;*
*Und ich hab es doch getragen –*
*Aber fragt mich nur nicht, wie?*

HEINRICH HEINE

Es sagt sich so leicht: Die Zeit heilt alle Wunden. Doch nein. Meine Erinnerungen an Harald, diesen unvergleichbaren und unersetzlichen Menschen, sind nach wie vor allgegenwärtig und mit ihnen der Schmerz des Verlusts. Und es sind nicht allein die besonderen Gedenktage, die ihn zurück in mein Leben bringen. Fernsehwiederholungen, ein alter Film, in dem er mitspielte, ein Song, eine Rolle, von ihm synchronisiert … all dies sind Spuren einer Vergangenheit, die mich nicht loslässt. Sie läuft wie ein Film in meinem Kopf ab – ein Film, in dem ich als Partnerin des Hauptdarstellers mitgewirkt habe. Bilder, Gefühle und Augenblicke stehen plötzlich wieder ganz lebendig vor mir. Dann schmerzt es wie am ersten

Tag, seit dem ich ohne Harald leben musste, und manchmal sogar noch mehr, denn es dauert, bis man realisiert, dass man einen geliebten Menschen für immer verloren hat.

Nicht ausgesprochene Worte sind Blumen des Schweigens, heißt es im Fernen Osten – eine Weisheit, die von der Presse selten toleriert wird.

Lange Jahre hatte ich mich den Medien entzogen, um unsere Privatsphäre zu bewahren. Harald vertraute mir, und ich schuf in unserem gemeinsamen Zuhause einen Rückzugsort für ihn, den einzigen, wo er sich ungestört wohlfühlen konnte. Vieles wurde mir, aber auch Harald von der Presse in den Mund gelegt, um die Leser glauben zu machen, es sei die Wahrheit. Ich wehrte mich nicht dagegen, denn ich wollte meine Kraft nicht vergeuden, brauchte ich sie doch für Harald und unser gemeinsames Leben.

Über verschiedene Episoden unserer Ehe wurde ausführlich berichtet – in Wahrheit und Dichtung. Haralds berufliche Erfolge vom genialen Entertainer bis hin zum Charakterschauspieler sind legendär, und seine Abstürze wurden von der Boulevardpresse reißerisch in Form von Schlagzeilen präsentiert. Über seine letzten Lebensjahre wurde in den Medien wild spekuliert. Die unsäglichen Berichte haben mir sehr zugesetzt.

Trotz der vielen Berichterstattung: Das letzte Kapitel seines Lebens, die Chronologie von Haralds langem Abschied bis hin zu seinem Todestag am 1. April 2005, ist noch nicht geschrieben. Wer, wenn nicht ich, dürfte es vollenden und es liebevoll ins wahre Licht rücken?

Lange Zeit habe ich mit meinem Gewissen gehadert, ob ich Details zu dem Krankheitsverlauf meines Mannes überhaupt preisgeben möchte, ob und was ich erzählen kann vom Schreckgespenst der Demenz, das ihn fünf Jahre vor seinem Tod heimsuchte, ohne seine Würde zu verletzen. Ich bin überzeugt davon, dass keine noch so schwere Krankheit die Würde eines Menschen verletzen kann. Wenn Menschen unheilbar erkrankt sind, heben sich alle Unterschiede auf: Ob prominent oder nicht, reich, arm, jung oder alt – wir sind letztlich alle gleichermaßen betroffen.

Haralds großer Wunsch war es, auf der Bühne zu sterben. Doch es war die Demenzerkrankung, die ihn aus dem Leben riss und mir den geliebten Mann raubte. Seine Welt und meine Welt waren nicht mehr unsere gemeinsame Welt. Aus Zweisamkeit wurde eine Einsamkeit zu zweit, eine unfassbare Einsamkeit, die ich mir nie hätte vorstellen können.

Das Schicksal lehrte mich, was Demut heißt. Nichts hatte mich auf eine solche Diagnose und die Aufgabe vorbereitet, die damit einherging; ich fühlte mich überwältigt. Wie erklärt man diese Krankheit, unter der sich ein Nichtbetroffener, der keinen Demenzkranken in seiner Familie hat, wenig vorstellen kann? Was kann man tun, wenn sich die irreversible Diagnose bestätigt hat? Theorie und Praxis sind zwei verschiedene Aspekte. Man betritt ein Niemandsland und hat keine Orientierung, welchen Weg man beschreiten soll.

Harald sollte von nun an mehr denn je im Vordergrund meines Lebens stehen, und ich tat alles, um ihm das Gefühl zu geben, in seinem vertrauten Umfeld geborgen zu sein. Gegen jede Vernunft bewahrte ich einen Funken Hoffnung in mir, dass es ihm vielleicht doch noch eines Tages besser gehen könnte ... eine Hoffnung, die mit ihm zu Grabe getragen wurde.

Harald war die Liebe meines Lebens – und wird es immer bleiben. Der Sturz mitten aus dem Leben in Ohnmacht, Verzweiflung und Aussichtslosigkeit war tief und die Realität der letzten Lebensjahre unendlich traurig und schmerzvoll. Anfangs gelang es mir kaum, die gesamte Tragweite seiner Diagnose zu begreifen. Ich musste handeln und weitreichende Entscheidungen treffen, was Haralds Pflege betraf. Viele Möglichkeiten, die anderen Demenzkranken und deren Angehörigen offenstanden, konnte ich nicht in Anspruch nehmen, denn ich musste seine Privatsphäre schützen. Ich war angewiesen auf einen kleinen Kreis von Menschen, denen ich vertrauen konnte. Ich nahm mich zurück und beobachtete Harald, um auf ihn und seine Bedürfnisse eingehen zu können. Dabei konnte ich nur hoffen, nichts falsch zu machen. Mit Einfühlungsvermögen versuchte ich, Verständnis für die Krankheit zu entwickeln. Aus eigenen Erfahrungen habe ich Schritt für Schritt gelernt, den Alltag zu bewältigen. Das tägliche Leben hat mich befähigt, normal und würdevoll mit der Krankheit umzugehen.

Nein, Zeit heilt keine Wunden. Schmerz vergeht nicht, wenn er sich in das Herz eingraviert hat. Das Glück, das uns einmal vereinte, scheint wie durch eine graue Mauer vom Leben abgetrennt.

Doch manchmal gelingt es mir, über die Mauer hinwegzuschauen. Dann lasse ich all das Traurige hinter mir und finde mich in einem Garten voller schöner Erinnerungen wieder. In diesen kostbaren Momenten bin ich dankbar für das, was wir in glücklichen Zeiten teilen durften, und ich lasse Revue passieren, wie unsere romantische Liebesgeschichte einst begann, und lese noch einmal die ersten Liebesbriefe, die wir uns schrieben ...

# ERSTES KAPITEL

## »Kommen Sie denn auch mit?« –
## Wie alles begann

*Es gibt nichts Schöneres, als geliebt zu werden,*
*geliebt um seiner selbst willen*
*oder vielmehr trotz seiner selbst.*

VICTOR HUGO

Erst im Rückblick habe ich mein Leben als Ganzes verstanden und mit ihm auch die innige Beziehung zu meinem Mann. Liebe, so lernte ich, hat drei Phasen: als Erstes die der Verliebtheit, jene Zeit, in der das Leben wie ein einziger Rausch erscheint. Sie wandelt sich zu der Liebe, die sich im Alltag festigt. Als Drittes folgt die Liebe, die bewiesen wird, die Pflicht aus Liebe.

Mit Harald habe ich jede einzelne dieser Phasen intensiv durchlebt. Ich erinnere mich noch genau, wie ich ihn kennenlernte. Es war ein Sommerabend im Jahr 1970 …

Harald hatte in der Kleinen Komödie in München *Kein*

*Problem* von Norman Krasna gespielt und war nach Berlin zurückgekehrt. Als Nächstes stand Molnárs *Liliom* im Hansa-Theater auf seinem Spielplan. Ihm blieb ein einziger Tag Pause – »zu viel Freiheit für einen Schauspieler«, wie er es nannte. Um den Abend nicht allein verbringen zu müssen, besuchte er die Vorstellung im Berliner Renaissance-Theater, in der Victor de Kowa als Hauptdarsteller in *Gastspiele und Liebe* von Robert Horney und Walter Firner auftrat. Es geht in der Komödie um einen amourösen Dirigenten, der in den unterschiedlichsten Städten der Welt gastiert und Kinder gezeugt hat und diese anlässlich eines Familientreffens zusammenführen will.

Ich selbst spielte die Rolle der Mizuko, der Tochter aus Tokio, und freute mich darauf, mit dem großen Victor de Kowa zusammen auf der Bühne zu stehen.

Es war der 23. August 1970, der mein Leben auf immer verändern sollte – eine Schicksalsbegegnung. In der Pause kam Harald Juhnke hinter die Bühne. Da er die meisten meiner Kollegen kannte, gesellte er sich zu ihnen in die Garderoben und hielt ein Schwätzchen. Zu Inge Wolffberg war er ganz besonders herzlich, sollten die beiden doch tags darauf ihre gemeinsamen Proben für *Liliom* beginnen. Selbstverständlich war Harald Juhnke mir ein Begriff, ich hatte ihn in verschiedenen Boulevard-Theaterstücken und Sechzigerjahre-Kinofilmen und einmal in der Bar Coupé 77 mit Hildegard Knef an einem Tisch sitzen gesehen.

Bevor er sich verabschiedete, fragte Harald in die Runde, ob wir nach der Vorstellung noch irgendwohin gingen. Der Name »Diener« wurde genannt, eine Ur-

Berliner Künstlerkneipe, benannt nach dem Boxer Franz Diener, der sie Ende der Vierzigerjahre übernommen hatte. Dort wurde typische Berliner Hausmannskost serviert, und etliche Schauspielkollegen ließen den Abend hier gerne mehr oder weniger feuchtfröhlich ausklingen.

Ich spürte, wie sein Blick mich streifte. Im Vorbeigehen fragte er höflich und fast ein wenig scheu: »Kommen Sie denn auch mit?«

»Ja – legen Sie Wert darauf?«, antwortete ich.

»Ich lege großen Wert darauf«, meinte er und war auch schon verschwunden.

Ich maß der kleinen Schmeichelei keine Bedeutung bei. Er jedoch empfand es offenbar anders. In seinen Memoiren schrieb er über unsere erste Begegnung: »Mir war, als hätte mich jemand mit Himbeergeist übergossen und ein Streichholz entzündet. Es gab einen Schlag. Ich war flambiert.«[1]

Später, als das Ensemble im Diener zusammensaß, dominierte Harald mit seiner Präsenz kess und charmant die Runde. Er mimte den Alleinunterhalter und brachte die Stimmung auf den Höhepunkt, sodass sich alle vor Lachen kaum halten konnten. Selbstverständlich spürte ich eine gewisse Anziehungskraft, die von ihm ausging, wenngleich ich erst nach einer ganzen Weile realisierte, dass sein Auftreten an diesem Abend mir galt.

Ein echter Schlawiner, dachte ich. Er wusste die Damenwelt nach allen Regeln der Kunst zu bezirzen.

Sein Blick schweifte immer wieder zu mir. Allerdings war ich kein junges Mädchen mehr, das sich schnell verliebte. So leicht war ich nicht aus der Reserve zu locken, auch nicht von ihm. Zudem hätte ich mir im Traum nicht vorstellen können, dass dieser Mann ernsthaft an mir interessiert sein könnte. Er beeindruckte mich mit seiner natürlichen Nonchalance, doch ich konnte mich ihm durchaus entziehen. Zumindest an diesem Abend.

Als ich am nächsten Tag in die Garderobe des Theaters kam, stand ein riesiger Baccarastrauß auf meinem Schminktisch. Wer schickt mir denn da rote Rosen?, dachte ich und öffnete den Umschlag, der zwischen den Blüten steckte.

*Darf ich Sie wiedersehen?*
*H. J.*

Ich fühlte mich geschmeichelt, aber wollte ich ihn wirklich wieder treffen? Auf der Karte stand weder eine Adresse noch eine Telefonnummer, und so konnte ich mich nicht einmal für den zauberhaften Strauß bedanken. Ich konnte nur abwarten.

Am nächsten Abend wartete erneut ein Bouquet auf mich. Längst feixten die Kollegen, und einige machten sich lustig und wollten mir weismachen, das sei Haralds Masche.

Und dennoch, es waren rote Rosen, und sie hatten gewiss eine Bedeutung, die ich noch herausfinden würde. Wie heißt es so schön? »Lasst Blumen sprechen.«

Auch am dritten Abend stand wieder ein üppiger Rosenstrauß in meiner Garderobe, und dieses Mal war eine Telefonnummer auf der beigefügten Karte vermerkt.

Nach der Vorstellung ergriff mich eine gewisse Unruhe. Ich war mir noch im Unklaren darüber, was Harald von mir wollte. Eine Affäre? Bloß nicht! Außerdem war er liiert, und auch ich war zu jener Zeit noch gebunden. Ich konnte mir vorstellen, mich von ihm zu einem unverbindlichen Abendessen einladen zu lassen, das schon. Aber war es das, was er wollte? Nach all den roten Rosen? Wohl kaum.

Wäre es nicht spannender, ihn noch etwas hinzuhalten?, überlegte ich. Nein, sagte ich mir, allein schon das Gebot der Höflichkeit erforderte jetzt ein herzliches Dankeschön.

Harald hatte auf meinen Anruf gewartet. Seine Stimme klang überraschend vertraut, und ich spürte, wie sie mein Herz schneller schlagen ließ ... Diese Wirkung hat sie auch heute noch auf mich. Es tut so gut und weh zugleich, die Stimme eines geliebten Menschen zu hören, gerade weil er nicht mehr lebt.

Harald hat unzählige Filme und Serien synchronisiert, er lieh Marlon Brando die Stimme, Charles Bronson, Jack Lemmon, Peter Falk, Richard Burton, Edward G. Robinson, Peter Sellers, Robert Wagner, Woody Allen, Stacy Keach und etlichen anderen. Erst neulich las ich im Fernsehprogramm, dass der französische Spielfilm *Kinder des Olymp* gesendet wurde, ein Filmklassiker von 1945 aus dem Pariser Theatermilieu. Harald hatte Pierre Brasseur in der Rolle des Bohemiens Frédérick Lemaître synchronisiert. Es war so grandios, wie er sprach, gerade so, als sei ihm die Rolle auf den Leib geschrieben. Seine Stimme klang noch so jung und in ihrem Timbre so vertraut ...

Welches Schicksal uns beide erwartete, konnte ich nicht ahnen, als ich an jenem Augustabend am Telefon schließlich einwilligte, ihn wiederzusehen.

Bei unserem ersten Tête-à-Tête in einem noblen Restaurant fühlte ich mich, als würden wir einander schon ewig kennen. Obwohl ich sonst eher zurückhaltend bin, erzählte ich ihm von meiner Familie und all den Dingen, die mich bewegten. Auch er öffnete sich, sprach von seinen Eltern, seinen Rollen, und so redeten wir stundenlang. Die Zeit verging viel zu schnell. Wir hatten uns so viel zu sagen.

Zwischen Harald und mir herrschte von Anfang an eine intensive Vertrautheit, die man niemals forcieren kann. Die Chemie stimmte ganz einfach. Wir waren total fixiert aufeinander, ließen uns fallen, blendeten die Umgebung aus. Erinnerungen, die ich Jahrzehnte später allein aufrechterhalten würde …

Schon bald verabredeten wir uns Abend für Abend und spürten, wie unsere Seelen zueinanderfanden.

Was liebt man an einem Menschen, den man liebt?

Es war eine magische Anziehungskraft, die Harald und mich verband. Ich erinnere mich, wie seine Gestik und Natürlichkeit mich gefangen nahmen. Gern hätte ich ihn zärtlich berührt, doch wir befanden uns in einem Restaurant, und ich spürte, wie wir beobachtet wurden. Intimitäten in der Öffentlichkeit austauschen? Nein, ein solcher Moment sollte uns allein gehören. Und so liebkosten meine Blicke seine Hände, sein Gesicht, und von da an wusste ich, wie verliebt ich war.

Mitte September sollte die dreimonatige Tournee mit Victor de Kowa und *Gastspiele* starten. Hatte ich mich im Sommer noch darauf gefreut, durch Deutschland und die Schweiz zu tingeln, graute mir nun davor, Harald so selten sehen zu können. In der Zwischenzeit hatten wir beide uns von unseren vorigen Partnern getrennt. Nichts und niemand sollte uns im Wege stehen. Zudem war es ein Gebot der Fairness, und wir wollten unsere gemeinsame Beziehung auf Ehrlichkeit aufbauen.

Vor Beginn unserer Reise hatte der Veranstalter jedem Mitwirkenden ein Tourneebuch ausgehändigt, in dem alle Theater- und Hoteladressen aufgeführt waren. Harald und ich tüftelten eilig aus, wann wir uns an welchem Ort wiedersehen könnten. Meine freien Tage waren rar, er hatte tagsüber Proben und ab Oktober abends Vorstellungen.

Was sind schon drei Monate?, versuchte ich mich zu trösten – und vermisste Harald bereits, bevor die Tournee überhaupt begann.

Abend für Abend läutete das Telefon um 23 Uhr in meinem Hotelzimmer. Ich sehnte mich nach seiner Stimme und konnte es kaum erwarten, den Hörer abzunehmen und all die Worte zu sagen, die Verliebte auf dieser Welt sich zuflüstern.

Munel, so nannte Harald mich. Ein Name, den er eigens für mich erfunden hatte und immer beibehalten sollte. Ich fragte ihn, was das bedeutete.

»Na, ein Munel ist so ein kleines Kuscheltier mit großen Augen. Das muss man die ganze Zeit streicheln und liebkosen.«

Es passte auch auf ihn, fand ich, und nannte ihn ebenso.

Manchmal rief er mich später in der Nacht ein zweites Mal an und versicherte mir, wie sehr er mich vermisste. Er erzählte mir von seinen Proben zu *Liliom*, wo er den Ausrufer eines Karussells auf einem Rummelplatz spielte, der sich alsbald in den Wirrungen seines Lebens verlor. Dann lag ich schlaflos in meinem Hotelbett, dachte an ihn, stand auf, suchte nach Papier und Stift und begann zu schreiben ...

GELDERN, 16.9.1970
3:00 Uhr

*Mein geliebter Liliom!*
*Ich bin todmüde, aber ich muß Dir einfach noch ein paar Zeilen schreiben.*
*Ich habe mich wahnsinnig gefreut, daß Du mich noch einmal angerufen hast.*
*Der Abend war gerettet.*
*Wir haben eine sehr nette Premierenfeier gehabt.*
*Ich habe fast ausschließlich an Dich gedacht, und der Wein und der Champagner haben doppelt gewirkt.*
*Wenn Du wüßtest, wie sehr ich Dich vermisse.*
*Das Schlimmste ist, daß wir gar nichts tun können, um zueinander zu gelangen. Ich könnte wahnsinnig werden, wenn ich daran denke, wie lange es noch dauert, bis wir uns wiedersehen! Ich zehre jetzt schon davon, Dich in Hannover in meine Arme schließen zu können.*
*Es wird wunderbar werden. Du kommst doch, oder?*
*Ich liebe Dich, ich liebe Dich, obwohl ich es noch gar nicht so sehr realisieren kann.*

*Ich wünsche mir nichts sehnlicher, als daß wir so glücklich*
*werden, wie wir es uns wünschen.*
*Sei zärtlich geküßt*
*Deine Susanne*

In seiner schwungvollen Handschrift schrieb er mir zärtliche Liebesbriefe, die er per Eilboten an meine jeweilige Hoteladresse sandte. Während der Tournee kam eine beachtliche Anzahl zusammen. Bis heute habe ich sie wie einen Schatz bewahrt. Nun, nach fünfundvierzig Jahren, trösten sie mich und dokumentieren, wie einst unsere Liebe begann.

Tief im Gedächtnis ist mir ein Brief, in dem Harald zum ersten Mal anklingen ließ, dass er mich heiraten wolle. Am Donnerstag, dem 24. September 1970 – wir kannten uns noch nicht einmal einen Monat –, schrieb er: »... Was ist bloß mit uns los! Es ist so unglaublich und kann nur damit enden, daß Du zu meiner Frau wirst! Ich werde alles für Dich tun und mein ganzes Talent für unser Glück einsetzen.« Er unterzeichnete mit »Dein Mann«.

Zwei Wochen später trafen wir uns, endlich hatten wir beide einen spiel- und probenfreien Tag. Als wir im Hotelzimmer waren, tat er ganz belanglos und zog aus seiner Tasche einen Brief, den er mir überreichte. Ich dachte mir nicht viel dabei, legte ihn beiseite und schminkte mich erst einmal ab. Fast hätte ich ihn ungeöffnet liegen gelassen, doch ich spürte eine gewisse Neugier, was Harald wohl geschrieben hatte.

*Mein geliebtes Munel!*
*Hiermit werde ich offiziell und bitte Dich, meine Frau zu*
*werden.*
*Ich glaube, daß wir sehr glücklich werden, und verspreche*
*Dir noch einmal, alles für Dich zu tun.*
    *Dein Liliom*
    *PS. Kann ich bitte schön eine Antwort haben!?*

Aus heiterem Himmel fühlte ich mich wie vom Blitz getroffen. Harald machte mir einen Heiratsantrag!

Wunschgemäß antwortete ich ihm, Zug um Zug, ebenfalls schriftlich:

*Ja, ich will Deine Frau werden.*

Vielleicht war diese Art der Antwort bezeichnend für mich: So zurückhaltend und formvollendet ich mich auch gab, in meinem tiefsten Innern verfiel ich in einen Freudentaumel. Harald und ich würden heiraten!

Am nächsten Tag musste er zurück nach Berlin, das Theater wartete auf ihn. Ich hätte so viel darum gegeben, bei ihm zu sein, ihn den Liliom spielen sehen zu können.

NEUMÜNSTER, 1.10.1970
0:45 Uhr

*Mein einziger Liebling,*
*Deine Stimme klingt noch warm in meinem Ohr nach*
*unserem Telefonat. Man sagt sich dreimal täglich, wie*
*sehr man sich liebt, und man muß es sich auch noch*
*einmal schreiben.*

Harald, Du bist mein Mann, und ich will und kann Dich
nie mehr verlassen. Für mich ist unsere Liebe wie ein
Taumel, in dem ich zwischen Himmel und Erde schwebe.
Es ist so unsagbar schön, wie ich es in meinem Leben
noch nicht gespürt habe. Vielleicht waren wir füreinander
bestimmt, weil alles doch so schnell und schön begonnen
hat. Laß uns doch, soweit möglich, unsere kleine Welt
aufbauen, in der wir unendlich glücklich sein wollen.
Niemand soll in sie eindringen können, vielleicht als
Ausnahme Dein Sohn, weil er auch zu Dir gehört.
Wir allein sind unseres Glückes eigener Schmied, und
wenn wir gemeinsam alles dafür einsetzen, haben wir
beide den Himmel auf Erden und vielleicht noch mehr.
Ich könnte weinen vor Glück, daß wir uns begegnet sind.
Vor allen Dingen habe ich von Anfang an ein so großes
Vertrauen in Dich gehabt, das mußt Du mir glauben,
sonst hätte ich mich niemals so schnell so hundertprozentig
für Dich entschieden. In so einer Situation kann man
wenig nach dem Verstand gehen, es muß einfach vom
Gefühl her entstehen.
Du hast recht, ich bin ganz doll stolz auf Dich, auch wenn
ich es noch nicht gesagt habe. Das muß auch so sein,
weil es unser Selbstvertrauen und unsere Liebe noch mehr
stärkt. Und ich fühle auch, daß Du es auf mich bist und
nicht nur so sagst.
Mein Munel, ich liebe Dich wahnsinnig, und Du bist
auch ein anderer Mensch für mich. Sollten böse Zungen
auch schlecht reden. Du bist ein Mann, der mein Leben
glücklich machen wird!
Laß Dich ganz zärtlich streicheln und küssen
    Deine Susanne

In Kollegenkreisen wurde natürlich getuschelt und gespöttelt. Einige behaupteten sogar: Lange wird die Ehe sowieso nicht halten.

Ich kümmerte mich nicht darum. Ich glaubte fest daran, dass wir zusammengehörten. Auf immer und ewig.

Harald zeigte sich in den folgenden Wochen verliebt und romantisch. Er gab mir zu verstehen, wie sehr er mich vermisste, mich um sich haben wollte. Am liebsten die ganze Zeit, im Theater oder im i-Punkt, einer modernen Rooftop-Bar des Europa-Centers. Kurzerhand schrieb er das Lied »Komm auf die Schaukel, Luise«, das Liliom auf dem Rummelplatz singt, auf mich um.

*Komm auf den i-Punkt, Luise SUSANNE,*
*Mädel, ach sei auf dem Kien.*
*Du fühlst Dich wie im Paradies IN DER BADEWANNE*
*Zu Füßen liegt Dir ganz Berlin.*
*Ja –*
*Komm auf den i-Punkt, Luise SUSANNE,*
*da ist der Pommery kalt.*
*Du bist wie der i-Punkt, Luise SUSANNE,*
*ich bin in euch beede verknallt.*
*Ja –*
*Komm auf den i-Punkt, Luise SUSANNE,*
*5 Jahre steht jetzt der Bau,*
*Der Manderman kennt keene Krise PANNE*
*Hier gibt es tagtäglich ne Show.*
*Ja –*
*Komm auf den i-Punkt, Luise MEIN MUNEL,*
*da ist der Pommery kalt.*

*Du bist wie der i-Punkt, Luise MEIN MUNEL,*
*ich bin in Euch beede verknallt.*

*Mein Liebling!*
*Hier eine eigene Umarbeitung von Deinem Mann!*
*Wie findest Du sie?*
*Heute nacht schreibe ich einen langen schönen Brief*
*an meine geliebte Frau. Vergehe vor Sehnsucht und könnte*
*schreien, daß wir nicht schon jetzt jeden Tag zusammen*
*sind. Ich liebe Dich so sehr, wie ich es gar nicht ausdrücken*
*kann. Laß Dich küssen und umarmen*
*      Dein Mann*

Mitte Oktober, als wir in der Schweiz gastierten, erfuhr ich, dass unsere Vorstellung in Aarau ausfallen würde. Da der nächste Tag spielfrei war, buchte ich sogleich einen Flug nach Berlin. Mittags ging es von Zürich über Frankfurt zu Harald. Als ich im Theater ankam, freute er sich wie wahnsinnig. Wir gingen anschließend im Kempinski-Grill essen, der schon bald unser Stammlokal werden sollte.

Am nächsten Abend sah ich Harald erstmals als Liliom auf der Bühne.

In mein Tourneebuch schrieb ich:

*Ich bin sehr stolz auf meinen Mann.*

Ich war es, und wie! Während seiner Premiere hatte ich Hunderte Kilometer entfernt selbst auf der Bühne gestanden. Wie viel hätte ich darum gegeben, die Premiere mit ihm erleben zu dürfen! Nun war es endlich so weit, und ich war fasziniert von seiner Bühnenpräsenz und glücklich, weil wir einen weiteren Abend zu zweit hatten.

Nach der Vorstellung gingen wir mit dem Ensemble essen. Ich war todmüde von all den aufregenden Stunden, die wir zusammen verbracht hatten. Fast hätten wir am nächsten Morgen verschlafen. Um 11 Uhr ging mein Flug nach Köln, ich würde am Abend in Witten auftreten.

Wann immer Zeit blieb auf meiner Reise von Stadt zu Stadt und Bühne zu Bühne, suchte ich in Buchhandlungen nach kleinen Geschenken, die ich in einen Briefumschlag steckte und Harald schickte. Überglücklich, wie ich war, drehte sich alles um die Liebe. Während wir in Süddeutschland gastierten, stieß ich auf ein Büchlein von Maurice Sendak mit dem Titel *Sie liebt mich ... sie liebt mich nicht ... sie liebt mich ...*, und schrieb hinein:

*... sie liebt Dich bis zum Ende aller Tage!*
*Deine Susanne*
*November 1970*

Ich hatte ganz aus dem Herzen gesprochen. Wie hätte ich auch wissen sollen, dass ich niemals mit Harald alt werden würde. Wissen, was diese Liebe mir in einer fernen Zukunft abverlangen würde ...

Fünfundvierzig Jahre später halte ich das Buch erneut in der Hand und streiche über die Widmung. Sie rührt mich – und versetzt mir zugleich einen Stich.

Ein weiterer November, das elfte Jahr ohne ihn.

Das Gefühl der totalen inneren Einsamkeit lässt mich nicht mehr los. An manchen Tagen sind meine Depressionen unerträglich. Ich fühle mich ausgebrannt, erschöpft und müde vom Leben. Meine Gedanken gleichen Höllenqualen. Manchmal denke ich, ich verliere den Verstand.

Alles, was ich an solchen Tagen spüre, ist Antriebslosigkeit. Mir fehlt die Kraft, mich positiv aufzuladen. Es sind Phasen, die mich hilflos machen ... mich, die ich doch immer stark sein wollte. Bisher habe ich es jedes Mal geschafft, mich irgendwie selbst aus der Depression zu befreien. Sobald die Kraft zurückkehrt, versuche ich mich aufzubauen, indem ich mir all die schönen Erinnerungen vergegenwärtige. Und wenn ich verzweifelt bin, ermahne ich mich, dass ich nicht die Einzige bin, die dieses Schicksal tragen muss.

Auf eine Weise verbindet mich dieser Gedanke mit Menschen, die um ihre Liebsten trauern – auch wenn er den Schmerz des Verlusts nicht mindern kann.

Doch all das war damals noch so fern ... 1970, als Harald und ich blind waren vor Liebe.

NOVEMBER 1970

*Mein über alles geliebtes Munel,*
*hast Du auch dies unaussprechliche Gefühl, daß es einem*
*die Kehle zuschnürt und es wie ein innerlicher Schauer*
*einem herunterläuft? So jedenfalls geht es mir. Ich liebe*
*Dich!!! Ich kann ohne Dich nicht mehr leben! Ich bin*
*glücklich, wenn Du glücklich bist, und traurig, wenn Du*
*es bist. Unser Leben wird wunderbar, wenn wir es in*
*die Hand nehmen. Du bist eine Frau, wie ich sie mir immer*

*gewünscht habe, und die größte Liebe meines Lebens,*
*und ich weiß, was ich schreibe. Die Sehnsucht nach Dir*
*macht mich fast verrückt! Ich brauche Dich, ich liebe*
*und begehre Dich, mein einziger Engel – tausend Küsse*
*und Umarmungen*
    *Dein Mann*


Ja, er brauchte mich. Dieses Gefühl hatte ich schon sehr früh. Anfangs hätte ich den Grund dafür nicht nennen können. Harald feierte einen Erfolg nach dem anderen, er wirkte so lebensfroh und ausgeglichen, so souverän und lässig zugleich … Und doch spürte ich im Innern, wie fragil er auf eine Weise war und wie anlehnungsbedürftig. Seine Briefe bestärkten mich darin, uns eine Welt zu schaffen, in die wir uns zurückziehen würden, sodass er Kraft tanken konnte. Einen Kokon vielleicht, aus dem er Abend für Abend hinaus in die Theaterwelt schlüpfen könnte, um seine schillernde Persönlichkeit zu entfalten und seine Talente auszuleben … und anschließend zu mir zurückzukehren, sich fallen zu lassen, ganz er selbst sein zu dürfen.


BERLIN, 23.11.1970

*Mein über alles geliebter Engel!*
*Man findet überhaupt keine Worte mehr, wie sehr man*
*sich liebt und wie sehr man sich nacheinander sehnt.*
*Ich brauche Dich! Ich weiß nicht, wie oft ich Dir das*
*schon gesagt habe, aber ich muß es immer wieder tun.*
*Weißt Du, es ist für mich vielleicht so schwer und doch*
*so wunderschön, weil ich so eine Liebe noch nie erlebt*
*habe. Hoffentlich mache ich Dich so glücklich,*

*wie Du es Dir immer vorgestellt hast. Unsere Liebe*
*muß einfach schön sein. Immer! Wir können dann*
*das glücklichste Paar der Welt sein, das alles miteinander*
*teilt: Glück, Freude, aber sicher auch manchmal Kummer.*
*Aber das werden wir alles zusammen meistern. Nochmals*
*verspreche ich Dir, daß ich aufhöre zu trinken. Es muß*
*sein für uns, für mich und für unsere gemeinsame Liebe.*
*Ach Munel, mich bewegt so viel im Herzen für Dich,*
*daß man es nicht ausdrücken kann. Vielleicht, eines*
*Tages, versuche ich ein Buch über unsere Liebe zu*
*schreiben.*
> *In Liebe*
> *und tausend Küsse*
> *Dein Mann*

*Nochmals verspreche ich Dir, daß ich aufhöre zu trinken ...*

Haralds Worte reißen mich aus meinen wärmenden Erinnerungen, und ich finde mich in der kalten Gegenwart
wieder. Ich sitze am Schreibtisch, allein, über den Brief
gebeugt ...

Wie oft habe ich mich gefragt, ob ich etwas hätte
bewirken, etwas am Lauf des Schicksals hätte ändern
können. Es waren sinnlose Fragen, mit denen ich mich
quälte, denn nach seinem letzten Absturz hatte Harald
all seine Chancen verspielt. Das Leben ist kein Film, aus
dem man eine Szene herausschneiden und neu drehen,
neu einfügen kann.

An jenem Tag aber, als mich sein Brief erreichte,
hatte ich keinen Grund, an seinem Versprechen zu zweifeln. In den Monaten unseres Verliebtseins ließen wir

nicht zu, dass sich Sorgen in unseren Köpfen einnisteten. Ich hoffte, dass es ewig währen würde mit uns.

Das Einzige, was unserem Glück im Wege stand, war
die räumliche Trennung – dachte ich. Wäre die erst einmal überwunden, gäbe es nur noch Glück.

BERLIN, 10.12.1970

*Mein geliebtes Munelchen!*
*Anbei die kleinen Bilderchen von Deinem Mann.*
*Hoffentlich ist dies der letzte Brief, den ich an Dich*
*schreiben muß, denn jetzt halte ich es nicht mehr aus,*
*Dich nicht zu sehen. Ich sehne mich nach Dir und kann*
*es kaum erwarten, Dich in meine Arme zu schließen*
*und Dich ganz doll zu lieben. Ich brauch Dich, ich liebe*
*Dich, und die letzten Tage sind eine »Schweinerei«,*
*daß man schreien muß nach seinem Munel!!!*
*Tausend Küsse und viele zärtliche Umarmungen*
*Dein Mann*

Die Erinnerung an jene ersten Tage, als wir beide von
einer Liebe träumten, die alle Hindernisse überwindet,
tut weh. Und wie ich da sitze, vor mir den Brief, spüre
ich, wie die Depression erneut nach mir greift. Doch ich
gebe ihr nicht nach. Ich will mich erinnern ... erinnern
an den Traum von unserem gemeinsamen Glück.

FULDA, 1./2. DEZEMBER 1970

*Mein Liebling,*
*Du bist so weit weg und doch so nah. Wenn Du wüßtest,*
*wie glücklich ich über Dich bin. Du bist so lieb und*
*tust eigentlich alles, um mich glücklich zu machen.*

*Ich werde es noch mehr wahrnehmen können, wenn wir
erst richtig jeden Tag zusammen sein werden. Und dann
wird es noch viel, viel schöner werden, weil wir dann
all das, wovon wir noch träumen und es uns ausmalen,
in Wirklichkeit erleben. Munel, ich werde die erste
Zeit gar nicht so schnell realisieren können, und doch
glaube ich, daß wir uns schon nach ein paar Tagen
so aneinander gewöhnt haben werden, als wären
wir immer zusammengewesen. Erst dann werde ich
richtig ausgeglichen sein, weil ich weiß, daß ich Dich
nicht mehr verlassen muß. Ich bin dann nur noch
für Dich da. Ich möchte, daß Du so glücklich wirst,
wie Du es Dir von einer Frau wünschst. Ich wüßte nichts,
was ich für Dich nicht tun würde, alles, was ich Dir
in meinem Leben geben kann, ist meine Liebe zu Dir.
Ich weiß, daß man unendlich viel Liebe geben kann,
wenn man Gegenliebe erfährt. Und das spüre ich zum
ersten Mal in meinem Leben bei Dir. Das mußt Du auch
von Anfang an gefühlt haben, sonst hättest Du Dich
vielleicht nicht so schnell entschlossen, mich zu Deiner
Frau zu machen.*

*Munelchen, ich habe sehr schnell gemerkt, daß Du sehr
viel Liebe, Zärtlichkeit und Verständnis brauchst, in jeder
Situation. Solange wir uns so lieben wie bisher, werde
ich immer imstande sein, Dir mit all meiner Kraft zur
Seite zu stehen.*

*Wenn Du diesen Brief bekommst, sind es nur noch eine
Handvoll Tage, bis ich bei Dir bin und wir uns endlich
wieder lieben können, und dann solange und sooft wir
wollen. Mit jedem Tag und jeder Stunde wächst meine
Sehnsucht und Ungeduld. Aber auch das ist ein schönes*

*Gefühl. Wie anders könnten wir sonst feststellen,
wenn nicht durch Trennung, wie sehr wir uns lieben
und einander brauchen?*

*Wenn nicht durch Trennung* ... eine Trennung, die uns damals ewig lang erschien, auch wenn es schon bald nur noch Tage waren, bis wir uns wiedersehen würden.

ZWEITES KAPITEL

## »Ein Schauspieler in der Familie reicht« –
## Mein Mann, der Künstler

*Wer mit einem Talente zu einem Talente geboren ist,*
*findet in demselben sein schönstes Dasein.*

JOHANN WOLFGANG V. GOETHE

Wir heirateten am Gründonnerstag, dem 8. April 1971, auf dem Standesamt Schmargendorf. Ein Jahr zuvor hatte Harald auf demselben Standesamt für das Fern sehspiel *Hochzeit auf Griechisch* gedreht und im Film seine Kollegin Chariklia Baxevanos geheiratet, mit der er vor meiner Zeit auch privat liiert gewesen war.

»Bei Munel und mir war der Standesbeamte ein echter Beamter, aber die Trauzeugen waren Schauspieler«, scherzte er und spielte an auf unsere Freunde Inge Wolffberg, die ich bei den »Stachelschweinen« kennengelernt hatte, sowie Paul Esser, der mit ihm in *Liliom* auf der Bühne stand.

Viel gemeinsame Zeit blieb uns Frischvermählten

nicht, denn da Harald am Ostersonntag seine Tournee fortsetzen musste, waren uns keine Flitterwochen vergönnt. In den nächsten Wochen begab ich mich auf Wohnungssuche und verbrachte viel Zeit mit meiner Mutter, zu der ich ein inniges Verhältnis hatte.

Meine Mutter war zeitlebens meine beste Freundin, der ich alles anvertrauen konnte. Wenn ich sie um Rat bat, konnte ich mich hundertprozentig auf sie verlassen. Sie war so feinfühlig und spürte, wenn es Probleme gab, aber nie hätte sie sich eingemischt oder von sich aus nachgefragt. Ich habe ihre Hilfsbereitschaft niemals ausgenutzt, auch wollte ich sie nicht unnötig belasten, aber sie war immer mein Rückhalt in schwierigen Zeiten, der Boden unter meinen Füßen.

All das, was ich in meinem Elternhaus an Liebe, Geborgenheit, aber auch an Verantwortung und Kultur erfahren habe, begleitete mich von Kindheit an auf meinem Lebensweg. Und so war auch meine Vorstellung von einer Ehe durch das Vorbild meiner Eltern geprägt.

Mein Vater war während der Olympiade 1936 als Student aus China nach Deutschland gekommen, um an der Berliner Friedrich-Wilhelm-Universität (der heutigen Humboldt-Universität) und in Jena Philosophie, Rechts- und Staatswissenschaften zu studieren. Meine Mutter, die aus dem ostpreußischen Königsberg stammte, war erst zwanzig, zehn Jahre jünger als mein Vater, den sie 1942 in Berlin kennenlernte. Es muss Liebe auf den ersten Blick gewesen sein. Zwar kamen dann die Kriegsjahre, aber in Notzeiten schweißen Liebe und Zusammengehörigkeitsgefühl zwei Menschen eher zusammen als in guten. Gleich nach Kriegsende heirateten meine Eltern.

Wenn ich an meine Mutter denke, dann zeichneten sie Mut, Stärke, Geduld, Toleranz, Bescheidenheit, ihr Gerechtigkeitssinn, Fantasie und Humor – und eine unendliche Liebe ihren Kindern gegenüber aus.

Was die westliche Kultur anbetraf, war mein Vater unglaublich wissbegierig, ein ungeheuer kommunikativer und außergewöhnlich kontaktfreudiger Mensch, ein Idealist, der mit der Lehre des Konfuzius aufgewachsen war. Die Familie bedeutete ihm alles, und er war sein Leben lang stolz auf seine vier Kinder.

Zu den Mahlzeiten war die Familie meistens vollzählig, auch wenn mein Vater aufgrund seiner beruflichen Verpflichtungen wochentags erst zum Abendbrot heimkam. An den Sonntagen ging die ganze Familie im Schlosspark Charlottenburg spazieren. Häufig haben wir in großer Runde mit Freunden musiziert und gesungen. Meine Mutter begleitete uns dabei mit dem Akkordeon oder auf dem Klavier. Auch chinesische Volkslieder konnten wir Kinder singen.

Das schönste Familienfest des Jahres aber war für uns alle Heiligabend. Meistens lud mein Vater zwei, drei Landsleute, die keine eigene Familie hatten, zu uns nach Hause ein. Nach dem Abendessen unterhielten sie sich auf Chinesisch und tranken Jasmintee, während wir Kinder mit unseren Weihnachtsgeschenken spielten.

Auch wenn meine drei Brüder und ich nicht mit goldenen Löffeln aufgewachsen sind, hat es uns doch an nichts gefehlt. Meine Mutter hat es verstanden, aus wenig das Beste zu machen. Aber darauf kam es gar nicht so sehr an. Viel wichtiger war uns die innige Nähe, wenn wir uns mit Mami abends im Bett eng aneinanderkuschelten und gebannt zuhörten, wie sie uns selbst ausgedachte Geschichten erzählte, bis uns fast die Augen zufielen.

All die liebevollen Erfahrungen, die mich durch meine Kindheit getragen haben, haben meinen eigenen Familiensinn geprägt. Man kann im Leben nur das weitergeben, was man schon als Kind im Elternhaus an Liebe und Verantwortungsgefühl erfahren hat. Elternliebe ist die Basis, um Liebe weitergeben und daran wachsen zu können. All das wird einem bewusst, wenn man selbst eine Familie gründet.

Schon bald nachdem wir geheiratet hatten, entschied ich mich, meine Schauspielkarriere nicht fortzusetzen, weil es mir sinnvoller schien, mich voll und ganz unserer Ehe und dem zukünftigen Familienleben zu widmen. Wie sagte Harald damals so treffend: »Ein Schauspieler in der Familie reicht, ich spiele für uns beide.«

Meine Aufgabe war jetzt, unsere erste gemeinsame Wohnung einzurichten. Zweckmäßig, nicht zu überladen, ein kuscheliges Nest, in das Harald sich nach seinem langen Arbeitstag zurückziehen konnte, um sich zu entspannen.

Von Beginn an war mir klar, dass er wie jeder Vollprofi, in dessen Adern Theaterblut floss, eine ganz auf ihn abgestimmte Atmosphäre brauchte, um seine Kreativität auszuleben. Da ich selbst auf der Bühne gestanden hatte, fiel es mir leicht, mich in ihn hineinzuversetzen und ihm eine gewisse Egozentrik zuzugestehen. Als Künstler lag dies nun einmal in seiner Natur.

Als wir uns kennenlernten, war Harald bereits ein gefragter und beliebter Theaterschauspieler. Doch sein Stern sollte bald noch heller erstrahlen. Sein Repertoire reichte von Hauptrollen in Komödien bis zu starken Charakterdarstellungen, mit denen er das Publikum beeindruckte. Auch im Fernsehen stand ihm eine ungeahnt erfolgreiche Karriere bevor.

Ab Mitte der Siebzigerjahre konzentrierten sich Haralds Dreharbeiten vorwiegend auf das Fernsehen: Serien wie *Preußenkorso, Die Buchholzens, Sergeant Berry, Die Buschspringer, Ein verrücktes Paar, Ein Mann will nach oben, Ein Mann für alle Fälle* bis hin zu der Show *Musik ist Trumpf*; in den Achtzigerjahren kamen Fernsehhighlights wie *Leute wie du und ich,* die Sketchserie *Harald & Eddi* und Shows wie *Willkommen im Club* oder *Wie wär's heut' mit Revue* hinzu. Harald war Schauspieler mit Leib und Seele und hastete rastlos von einem Engagement zum nächsten. Bei diesem Arbeitspensum brauchte er ein entspanntes und harmonisches Umfeld. In der Zeit zwischen den Drehpausen wollte ich für ihn ein Ruhepol sein und lernte, im Alltag, Prioritäten zu setzen – alles andere musste warten. Es hatte sein Gutes, dass wir uns in dieser Hinsicht ergänzten.

Am Tag einer Premiere lief alles planmäßig ab. Mittags kochte ich ihm sein Lieblingsessen. Danach legte er sich gern ein Stündchen hin. Ich machte ihm Kaffee oder Tee, dazu gab es etwas Süßes, am allerliebsten Butterkuchen, während im Hintergrund Sinatra lief, um ihn in Stimmung zu versetzen. Frühzeitig brach Harald auf, richtete seinen Garderobenplatz her und schnupperte Bühnenluft.

Lampenfieber ist für die meisten Schauspieler eine übliche Begleiterscheinung vor einer Premiere. Nicht aus Angst oder Unsicherheit, vielmehr sind es die Wartezeit und die Ungeduld davor, bis sich der Vorhang hebt, die Scheinwerfer angehen und endlich der Sprung ins kalte Wasser erfolgt. Dann ist der ersehnte Moment gekommen, sich dem Publikum zu beweisen.

Ich selbst war meist aufgeregter als Harald, wenn ich im Zuschauerraum saß, und in meinem Nacken sammelte sich kalter Schweiß. Im Stillen dachte ich: So, jetzt zeig, was du kannst.

Und das tat er und machte mich stolz. Der Beruf war sein Leben, der Erfolg sein Motor, und die Vielseitigkeit sein Treibstoff. Harald war Komödiant, Entertainer, Sänger, Synchronsprecher, Boulevardschauspieler und Charakterdarsteller in einer Person. Er liebte die Herausforderung und brauchte sie gleichermaßen.

Die Gabe der Fantasie befähigte ihn, sich in die unterschiedlichsten Charaktere zu verwandeln, so wie man es von Kindern kennt. Max Reinhardts Ratschlag, als Schauspieler die Kindheit in den Tornister zu schnüren, um sie niemals zu verlieren, hatte sich Harald schon in den frühen Anfängen seiner Schauspiellaufbahn zu eigen gemacht und immer daran festgehalten.

Die Bühne war sein Leben. Sobald er das Haus verließ, gehörte er seinem Publikum. Doch wenn er nach Hause kam, war er mein Harald. Und wir genossen die Zeit jenseits der Scheinwerfer.

Dabei war es nichts Spektakuläres, was sich daheim abspielte. Vielmehr bemühte ich mich um Normalität, einen Alltag, der ganz auf Harald zugeschnitten war. Ein schönes gemeinsames Frühstück. Ein Kuss, bevor er das Haus verließ. Das Mittagessen, das bereitstand, wenn er von der Probe nach Hause kam. Die Rituale vor seiner Vorstellung, die für ihn wichtig waren. Das Fiebern auf die Kritiken, das Durchsehen der Zeitungen, die Harald am frühen Morgen nach der Premiere am Hagenplatz in einem Kiosk kaufte ... Es waren die kleinen Dinge, die für uns eine große Bedeutung hatten. Sie bildeten das Netz, in das Harald sich fallen lassen konnte.

Natürlich hatte auch ich persönliche Bedürfnisse und Interessen. Das Gleichgewicht zwischen zwei Menschen besteht aus Geben und Nehmen, und es ist wichtig, dem anderen Freiräume zuzugestehen, die man gern für sich selbst in Anspruch nimmt.

Sich fallen lassen aber kann man nur, wenn man einander vertraut. Ich schirmte unser Zuhause vor der Presse ab, denn mein oberstes Gebot war, uns eine gewisse Privatsphäre zu bewahren. Deshalb bat ich Harald, als wir in unserem Haus wohnten, seine Interviews in Zukunft in einem Hotel oder im Theater zu geben.

Harald redete gern in der Öffentlichkeit von seiner Familie, das war sein gutes Recht, und die Fans wollten alles über ihn wissen. Warum hätte ich ihm das verwehren sollen?

Doch der Umgang mit der Presse blieb ein zweischneidiges Schwert. Aufgrund von Aussagen, in denen Harald nicht mehr ganz Herr seiner Sinne war, wurden

Schlagzeilen inszeniert. Was wurde ihm und auch uns nicht alles untergeschoben ...

Ich hatte mir das Schweigen zur Taktik gemacht. Irgendwann, dachte ich mir, kommt meine Stunde, um vieles ins rechte Licht zu rücken und klarzustellen.

Harald hingegen nahm es meist locker. Mit seinem typischen Humor sagte er einmal: »Es ist egal, was sie über dich schreiben, solange sie über dich berichten und deinen Namen richtig schreiben.«

Wie sehr ich ihn vermisse.

In all den Jahren habe ich es niemals bereut, meine eigene Schauspielkarriere früh beendet zu haben. Ich glaubte fest daran, dass Harald und ich zusammengehörten und das gemeinsame Leben meistern würden.

Gewiss gibt es Künstlerehen, die funktionieren. Beziehungen, in denen jeder seine Karrierepläne verwirklicht, sich Stunden stiehlt, in denen man zusammen sein kann. Mir fehlte der Ehrgeiz, und verliebt, wie wir waren, wollte ich nur für ihn da sein. Ich dachte nicht an eine ferne Zukunft, sondern war auf die Gegenwart fixiert.

Jedes Leben verlangt Entscheidungen. Was immer wir tun, welche Entscheidungen wir treffen, alles hat Folgen. Unsere Vergangenheit formt unsere Gegenwart und die Gegenwart unsere Zukunft. Wenn ich zurückblicke auf jene Jahre, dann denke ich, dass der Halt seiner Familie Harald die Kraft gab, sein geniales Talent immer weiter zu entfalten und dem Druck des Erfolges lange Zeit standzuhalten. Er konnte auf mich zählen, wusste, dass ich ihn so liebte, wie er war, mit allen Ecken und Kanten. Mir ist durchaus bewusst, dass dieses zeitweise Vergessen meines eigenen Lebens und all meine Liebe und Fürsorge, die um ihn kreisten, mit dazu beitrugen, dass ich nach Haralds Tod in eine solch tiefe Einsamkeit abglitt. Und doch waren es die glücklichsten Jahre meines Lebens, damals, an seiner Seite. Trotz der Alkoholexzesse und des tragischen Endes überwiegen die schönen Zeiten unserer Ehe, und das möchte ich mir bewahren.

Ich liebte es, meiner Familie so oft wie möglich die Lieblingsgerichte zu kochen.

»Was möchtest du heute Mittag essen?«, fragte ich Harald beim Frühstück.

»Mach doch irgendwas«, antwortete er.

Irgendwas – das konnte asiatisches Essen sein, aber auch Hausmannskost. Pellkartoffeln mit Quark, Göteborger Heringstopf oder ein Lammkarree, Spaghetti, Chili con Carne …

»Mmh, schmeckt gut«, sagte er dann.

Harald mochte es scharf, und zugleich war er ein Süßschnabel. Er liebte Pralinen, und der Kuchen am Nachmittag war ein Muss.

Ich sehe ihn noch vor mir, wie er sich zurücklehnte, es sich nach einem guten Essen gemütlich machte, sich zwischen Proben, Dreharbeiten und seinen abendlichen Vorstellungen entspannte.

All das ist nicht mehr da, wenn man allein ist – und dann plötzlich steigen andere, quälende Erinnerungen auf … Die Schluckbeschwerden als Folge der Demenz.

Die künstliche Ernährung. Harald, wie er in den letzten Monaten seines Lebens bis auf die Knochen abmagerte ...

Am 21. Februar 2005 schrieb ich in mein Tagebuch:

*Gegen 22 Uhr komme ich im Krankenhaus an und gehe gleich auf die Intensivstation. Harald schläft. Atmung und Herzfrequenz werden überwacht, Sauerstoff durch die Nase zugeführt und Sondennahrung. Der Anblick dieser vielen Schläuche versetzt mich schon nicht mehr in Panik, vielmehr dieser erbärmliche Zustand von Harald.*

*Ich bin ein wenig glücklich darüber, dass es mir gelungen ist, Harald langsam durch Ansprechen und Streicheln wach zu machen. Er öffnete beide Augen und sah mich an, und ich bin sicher, dass er spürte, ich bin bei ihm.*

*Wenn Harald sein Gesicht verzerrt, hoffe ich, dass er keine Schmerzen hat. Es muss ihn enorm anstrengen, abzuhusten, um atmen zu können. Es muss noch etwas in seinem Gehirn vorgehen. Mühsam versucht er sich zu artikulieren, aber ich kann es nicht deuten. Dann denke ich, dass er sagen will: Lasst mich endlich gehen und quält mich nicht weiter. Ich habe mein Leben lang gemacht, was ich wollte ...*

Ja, er hatte in seinem Leben das gemacht, was er wollte, getreu dem Song von Frank Sinatra, seinem Lebensmotto: »I Did It My Way«. Aber das hieß nicht, dass ich nicht wichtig für ihn gewesen wäre. Im alltäglichen

Leben hielt ich Harald den Rücken frei, damit er sich total auf seine Arbeit konzentrieren konnte.

Jede Liebe wird ein individuelles Mysterium bleiben. Wenn man mit dem Herzen sieht, kann man auch einen Blick in die Seele werfen.

Die Augen sind der Spiegel der Seele. Ich konnte vieles aus Haralds Augen ablesen ... Nicht nur seine unglaubliche Energie und Entschlossenheit, seinen Charme und seinen Humor, die Fähigkeit, über sich selbst zu lachen. Ich kannte auch seine Verletzlichkeit. Seine Reue, wenn er das Versprechen, nicht mehr zu trinken, gebrochen hatte. Die Scham konnte er nicht verbergen.

Auch wenn uns durch seine Erkrankung vieles versagt blieb, lernte ich aus seinem Mienenspiel sein Befinden zu deuten. Der Blick in diese leeren Augen war am Ende kaum noch zu ertragen. Die Gabe der Ausdruckskraft, mit der Harald einst nicht nur mich bezaubert hatte, war versiegt.

Um die bedrückenden Erinnerungen zu verbannen, hole ich mir alte Fotoalben aus glücklichen Zeiten hervor.

Auf einem Foto sitzen Harald und ich am Tisch in unserer Wohnung in der Taubertstraße. Es war im Sommer 1972. Ich war hochschwanger, wir beide hielten Kinderschühchen in der Hand. Würde es ein Junge oder ein Mädchen werden?

Harald war fest überzeugt, eine Tochter zu bekommen.

Mir selbst war es nicht wichtig, ich war mit dem kleinen Wesen während der Monate der Schwangerschaft längst zusammengewachsen, und ich wünschte mir nichts mehr, als mein Kind endlich im Arm zu halten. Meine Eltern hatten mir Wurzeln und Flügel geschenkt, und genau das wollten Harald und ich auch unserem Kind mit auf den Weg geben.

Unser Sohn Oliver wurde am 20. September 1972 um 0.11 Uhr geboren. Als Zweitnamen hatten wir Marlon ausgesucht, da Harald Marlon Brando so sehr verehrte und ihm in mehreren Filmen seine Stimme geliehen hatte.

Harald entwickelte eine innige Beziehung zu seinem Sohn. Die beiden spielten viel und gingen gern auf den Rummel oder in den Zoo. Wenn sie die Affen besuchten, tat Harald so, als wolle er Oliver lausen.

Als Vater war er selten streng, die Erziehung überließ er mir. Wann immer Oliver den Clown machte, spielte Harald mit, und es wurde fast ein Sketch daraus. Ich konnte mir das Lachen kaum verkneifen.

Harald liebte seinen Sohn über alle Maßen und war immer stolz auf ihn. Dennoch hatte Oliver es nicht leicht mit seinem prominenten Vater. So glanzvoll Haralds Schaffen auch war, fiel doch ein Schatten auf seine Familie. Als die Alkoholkrankheit überhandnahm, erlebte Oliver die Abstürze hautnah mit ... und so wie ich meinen Mann an die Demenz verlor, so verlor mein Sohn seinen Vater. Die traumatischen Erlebnisse, den eigenen Vater auf dem Weg des Vergessens zu begleiten, bleiben auch für einen jungen Menschen nicht ohne psychische Folgen.

Nach Haralds Tod machte ich mir Sorgen um Oliver, der mir in den schweren Jahren immer zur Seite gestanden hatte. Ohne ihn hätte ich diese traurige Zeit wohl kaum durchgestanden. Ich konnte ihm nur wünschen, all das positiv zu verarbeiten, um wieder glücklicheren Zeiten entgegenzusehen. Glück kann man nur in sich finden, es liegt nicht in den Sternen.

Zu seinem Geburtstag 2005 – dem Jahr, in dem Harald gestorben war – schrieb ich Oliver einen Brief.

20. SEPTEMBER 2005

*Lieber Oliver,*

*zu Deinem 33. Wiegenfest gratuliere ich Dir von ganzem Herzen.*

*Für Dein neues Lebensjahr wünsche ich Dir Kraft und Elan und die Einsicht, Deinem Leben einen ernsthaften Sinn zu geben und ein Ziel anzustreben. Der Weg ist das Ziel. Du musst den ersten Schritt zu einem Neubeginn wagen und vor allen Dingen wollen. In Dir steckt mehr, als Du ahnst.*

*Erinnere Dich bitte an die Worte Deines Vaters: »Um mein Söhni mache ich mir keine Sorgen. Der macht seinen Weg!«*

*Bist Du nicht auch der Meinung, dass jetzt der Zeitpunkt gekommen ist, diesen Wunschgedanken Deines Vaters in die Tat umzusetzen? Er war immer stolz auf Dich, so wie Du bist. Du bist das Kind unserer Liebe. Ich wäre glücklich, zu erleben, dass Du Deine Zukunft mit Deinen Möglichkeiten und Wünschen planst und verfolgst und ein zufriedener Mensch wirst. Nur der eigene Erfolg zählt.*

*Deine Mama*

Sobald Oliver sein eigenständiges Leben führte, pflegte ich wieder intensiver meinen Freundeskreis und widmete mich auch gern meinen Hobbys. Golfspielen war für mich die beste Möglichkeit, den Kopf frei zu machen und neue Kraft zu schöpfen: das traumhaft schöne Naturschutzgebiet mit seiner Vielfalt an Vogelarten, die frische Luft zum Durchatmen und die Ruhe, die ich genoss ... Die Konzentration auf den kleinen weißen Ball und nach der Runde mit den Golf-Ladys auf der Terrasse zu sitzen und eine wohlverdiente Mahlzeit einzunehmen, das war jedes Mal ein geschenkter Urlaubstag. Manchmal beneidete mich Harald, denn außer seinem Beruf hatte er keine eigenen Hobbys. Am liebsten hatte er es, wenn er mit mir allein zu Hause war. Doch auch ich brauchte meine Auszeiten vom Alltag.

Im Sommer war unser Garten Haralds Idylle. Manchmal legte er sich in Olivers Schlauchboot im Pool und las oder lernte Text. Den Familienurlaub in den Sommerferien verbrachten wir jedes Jahr auf unserer Lieblingsinsel Sylt. Tradition waren jedes Jahr auch das Sommerfest bei Renate und Hubertus Wald im Südheidetal am Watt und das legendäre Krebsessen bei Baumanns – ein freudiges Wiedersehen mit vielen Freunden aus nah und fern. Einige von ihnen weilen nicht mehr unter uns ... Traurig, aber so ist das Leben.

Zu Haralds Geburtstag ließ ich mir jedes Jahr etwas Neues einfallen, um ihn zu überraschen. Zu seinem sechzigsten Geburtstag mähte ich ein riesengroßes Herz auf unserem Rasen und schrieb ihm ein paar Zeilen voller Liebe:

*Geliebter Munel,*

*Ich kann es einfach noch nicht fassen! Du hast Dein
sechstes Lebensjahrzehnt vollendet. Fast zwei davon haben
wir gemeinsam erlebt. Wo steckst Du nur die Jahre hin,
die vielen »Hochs« und »Tiefs«. Du mußt einen heimlichen
Jungbrunnen haben, aus dem Du regelmäßig schöpfst.
Wie auch immer, ich beglückwünsche Dich mit allen guten
Gedanken, die meinem innersten Herzen entspringen,
und hoffe, daß Du auf dem Grat weiter wandelst, den
Du stetig durch Deinen Willen und Deine Initiative
angestrebt hast. Du stehst auf dem Gipfel Deines Lebens
und Deiner beruflichen Karriere und kannst mit Stolz
und Zufriedenheit auf einen glücklichen und erfolgreichen,
wenn auch nicht einfach in den Schoß gelegten Lebens-
abschnitt zurückblicken.
Ich bete für Dich, daß Du noch recht lange Deine Gesundheit behältst und Du Deine weitere Zukunft so gestaltest,
daß sie Dich erfüllt und gleichermaßen glücklich macht.
  Ich liebe Dich und bin stolz auf Dich!
  Deine Susanne*

Meistens feierten wir in unserem Haus im Familien- und
engen Freundeskreis. Runde und halbrunde Geburtstage wurden mit einer großen Geburtstagsgesellschaft
begangen, meist in einem Hotel oder Restaurant. Wun-
derbare Reden von Kollegen, Produzenten und Regisseu-
ren wurden gehalten. Eine Band sorgte für Tanzstim-
mung.

    Es gab aber auch Geburtstage, die wir beide allein, in
Venedig, genossen. Ein anderes Mal flogen wir mit

Mami, Oliver und Freunden für zwei, drei Tage nach Paris, weil Harald ohne Verpflichtungen war.

Das Leben hätte für uns ewig so schön und sorglos weitergehen können …

Obwohl ich das Skilaufen schon lange aufgegeben habe, erinnere ich mich doch gern an Zeiten, die wir in den Winterferien in Kitzbühel verbrachten. Im Hotel Zur Tenne fühlten wir uns immer zu Hause. Viele unserer Freunde hatten in der näheren Umgebung ihr eigenes Domizil, und wir verlebten mit ihnen lustige Zeiten. Silvester in den Bergen war immer ein ganz besonderes Erlebnis. Einige Male trat Harald im Night-Club der Tenne auf. Das ließen sich viele Freunde nicht entgehen, mit denen wir anschließend noch zusammensaßen.

Für uns Berliner war Kitzbühel der lieb gewonnene Skiort, der schnell und unkompliziert zu erreichen war. Nach Haralds Tod fuhr ich einige Male mit Freunden dorthin, auch im Sommer. Dann schwelgten wir in Erinnerungen an die schönen Zeiten, die wir noch gemeinsam erleben durften.

Viele Beziehungen zerbrechen, weil wir Menschen uns verändern, auseinanderdriften und uns mit einem Mal nichts mehr zu sagen haben. Andere Beziehungen gehen auseinander, weil sich einer oder beide zu neuen Partnern hingezogen fühlen. Vielleicht mangelt es an Verständnis, an Anerkennung, gar Respekt. Unsere Ehe war zwar oft ein Wechselbad der Gefühle, aber Harald und ich hielten zueinander, uns konnte nichts entzweien.

Ich musste meinen Mann mit seinem Publikum teilen,

einem Publikum, das er liebte und das ihm ein Leben lang die Treue hielt. Wenn Fans ihn in der Öffentlichkeit erkannten, ging er gern auf sie zu, plauderte mit ihnen, gab Autogramme. Heutzutage werden Selfies gemacht.

Harald war ein Mensch wie du und ich, jemand zum Anfassen. Spielte er Theater, lugte er oft vor der Vorstellung durch einen Spalt im Vorhang, um zu sehen, ob ein Freund oder gar Kollege im Publikum saß. Er brauchte seine Zuschauer, wollte sie nicht enttäuschen, sondern entführen in die Welt der Fantasie. Er liebte es, die Menschen zu unterhalten, sie zum Lachen und manchmal auch zum Weinen zu bringen. Vielleicht verziehen sie ihm deshalb seine Ausfälle, seine Absagen, die Unberechenbarkeit, die seine Suchtkrankheit mit sich brachte.

Ich liebte ihn um seinetwillen, als meinen Mann. Harald drückte seine Gefühle mir gegenüber auf seine eigene Weise aus, mit Blumen, ein paar Zeilen, Liebeserklärungen, die er mir in seinen Büchern und in Interviews machte. In aller Öffentlichkeit betonte Harald, wie viel seine Familie ihm bedeutete und dass er es ohne mich nicht geschafft hätte. Wenn er in einer Fernsehshow oder auf der Bühne live sang, dann war es immer eine ganz besondere Strophe aus »My Way«, die mir gewidmet war. Ich allein wusste, was er mir damit sagen wollte ...

*Ich hab*
*auch eine Frau*
*an der ich jetzt*
*beschämt vorbei seh'*
*Zu oft hat sie gehört*
*I Did It My Way ...*

Manchmal, wenn ich mich nach ihm sehne, höre ich mir seine CDs an, *His Way,* sein großartiges Sinatra-Album, oder *That's Life,* und tauche ein in die unvergesslichen Erinnerungen.

Dann wieder fällt mir ein Brief in die Hände, den ich ihm zum zwanzigsten Hochzeitstag schrieb ...

8. APRIL 1991

*Lieber Munel!*

*Weil es heute keine Zeitung gibt, kannst Du dafür meine Zeilen lesen.*

*Vor zwanzig Jahren habe ich Dir mein Herz geschenkt. Ich hatte mich entschieden, in Zukunft mein Leben mit Dir zu teilen, in guten und in schlechten Zeiten. Demnach ist unsere Ehe sozusagen nach Plan verlaufen! Zwei Jahrzehnte sind eine verdammt lange Zeit, wenn man sie noch vor sich hat! Rückblickend sind sie scheinbar wie im Fluge vergangen. Was in unserm Herzen lebendig bleibt, ist die Erinnerung an schöne und aufregende Begebenheiten, auch Krisen, die wir letztlich durchgestanden haben, denn ohne Hoffnung und Zuversicht, Geduld und Vertrauen gäbe es keine Zukunft.*

*Sicher haben uns diese gemeinsamen Jahre in vielerlei Hinsicht geprägt. Am Anfang hat die Liebe Wurzeln geschlagen und konnte sich langsam festigen. Trotz einiger Auswüchse und Frosteinbrüche hat sie Blüten bekommen, sogar einen Ableger. Und langsam ist es an der Zeit, daß wir die reifen Früchte ernten können, die wir über eine lange Zeit liebevoll, geduldig, manchmal verzweifelt und sorgenvoll, doch nie ohne Hoffnung haben reifen lassen.*

*Ich bin heute glücklich darüber, daß letztlich kein Sturm unseren Ehemast hat zerbrechen können, und wünsche mir, daß wir künftig ruhigere Gewässer ansteuern und der Gefahr eines Schiffbruchs aus dem Wege gehen. Vielleicht haben wir einen Schutzengel, der unseren Lebensweg im Auge behält. Nur gehen müssen wir ihn selbst.*
*Immer*
*    Deine Susanne*

Vielleicht hatten wir wirklich einen Schutzengel, über Jahre hinweg ... Doch es gab noch einen Dritten im Bunde, und er sollte mehr Macht über Harald haben als alle Anerkennung und Verehrung, die sein Publikum ihm zu Füßen legte, mehr auch als die unbedingte Liebe, die ich für ihn empfand. Es war der Alkohol.

# DRITTES KAPITEL

## »Det schaffste doch och« –
## Dem Rätsel auf der Spur

*Mit der Hoffnungslosigkeit beginnt*
*der wahre Optimismus.*

JEAN-PAUL SARTRE

Als ich Harald kennenlernte, wurde mir schon bald klar, dass er sehr dem Alkohol zugeneigt war. Ich erinnere mich, wie er mich im Herbst 1970 auf meiner Tournee besuchte. Verliebt, wie wir waren, hatten wir beide dem Treffen seit Tagen entgegengefiebert. Doch als Harald ankam und ich ihn in die Arme schloss, war er ziemlich angetrunken und musste im Hotel seinen Rausch ausschlafen. Aus der Traum von einem glücklichen Wiedersehen.

Ich hielt mit meiner Enttäuschung nicht hinter dem Berg, und er versprach hoch und heilig, es würde nie wieder vorkommen. Vielleicht glaubte er damals ja noch selbst daran. Ich hatte keinen Grund, an seinen Worten zu zweifeln, anfangs nicht. Ich trank selber gern mal ein, zwei Gläser Champagner oder Wein in Gesellschaft, doch ich war nie betrunken, eher fröhlich angeheitert. In meiner Familie wurde nur zu Festlichkeiten Alkohol getrunken. Ich konnte mich nicht in Harald hineinversetzen und begriff nicht, warum er nicht normal und maßvoll trinken konnte – wie die meisten von uns.

Nicht nur im Freundeskreis und unter Kollegen wurde gern getrunken: Das Glas Whisky, der Cocktail, die Zigarre gehörten ganz selbstverständlich zum Social Life der Sechziger und Siebziger dazu. Doch es besteht ein großer Unterschied zwischen geselligem Alkoholkonsum und dem Trinkverhalten eines Alkoholkranken. Als ich Harald kennenlernte, wusste ich nicht, dass er alkoholabhängig war. Er hatte mir zwar erzählt, dass er vor Kurzem eine Entzugstherapie gemacht hatte, doch in den ersten Jahren war ich nicht in der Lage, sein Suchtproblem einzuschätzen. Erstaunlicherweise konnte Harald sich auf feuchtfröhlichen Partys oder festlichen Galas einen ganzen Abend lang auch nur mit Mineralwasser vergnügen.

Ich konnte nicht leugnen, dass ich es verabscheute, wenn Harald betrunken war. Immer wieder gab es Phasen, in denen er trocken blieb, um sein Arbeitspensum nicht zu gefährden. Das ließ mich hoffen, war doch der Alkohol das Einzige, was in unserer Ehe Probleme bereitete.

Das Fatale an der Droge Alkohol ist, dass sie gesellschaftlich toleriert wird und überall zu bekommen ist. Manchmal kokettierte Harald mit seiner Sucht. Wenn er betrunken war, ließ er sich mit »Kreislaufstörungen« bei der Probe entschuldigen. Anfangs glaubte man ihm, doch als er Vorstellungen oder Auftritte platzen ließ, drohte man ihm mit Konsequenzen. Dann mobilisierte er seine ganze Stärke und kämpfte sich durch eine längere Abstinenzphase – nur um seiner Sucht Tage, Wochen oder Monate später aufs Neue zu erliegen.

Jedem Phänomen wohnt ein Geheimnis inne – auch der Sucht. Könnte man es ergründen, wären wir den wahren Ursachen auf der Spur. Noch ist es eine Vision, alle Alkoholiker zu therapieren und von ihrer Sucht zu befreien. Das Risiko eines Rückfalls bleibt bei Alkoholkranken ein Leben lang bestehen – eine Tatsache, die mir schmerzlich bewusst werden sollte.

Natürlich hatte ich Mutmaßungen, was die Ursache betraf. Wenn jemand unter Stress steht – egal, was diesen ausgelöst hat –, muss ein Ventil geöffnet werden, um den Druck zu kompensieren. Bei Menschen, deren Suchtzentrum krankhaft gepolt ist, kann dies den Griff nach der Flasche bedeuten. Alkohol überwindet die Blut-Hirn-Schranke und beeinflusst ungehindert die Stimmung. Nach dem ersten Glas entspannt man sich, die Probleme scheinen sich zu lösen, und alles, was negativ das Gemüt erregt, verflüchtigt sich – »Sorgen können schwimmen«, meinen manche. Bei einem leichten Rausch produziert der Körper Dopamin, und man gerät in Hochstimmung. Als gehöre einem die ganze Welt.

Dieser Rauschzustand ist nicht von Dauer. Sobald der Alkohol im Blut abgebaut wird, ändert sich das Gefühl, man wird von der Realität eingeholt. Wer nicht über genügend Selbstkontrolle verfügt, trinkt hastig weiter, um sich zu berauschen. Harald hatte diese Kontrolle letztlich nicht.

Im Vollrausch wird die Motorik unkontrolliert, man beginnt zu lallen, zu schwitzen, denn der Körper ist im Stress. Die Leber arbeitet auf Hochtouren, Gehirnzellen werden geschädigt. Die Stimmung fährt Achterbahn; manch einer fühlt sich, als wäre er der Größte, der Beste, unbesiegbar. Alles bewegt sich hin zu Superlativen. Doch die Stimmung kann jederzeit umschlagen. Dann packt einen die Einsamkeit, Versagensängste machen sich breit. Alles gerät außer Kontrolle, wird unbeherrschbar. Während eines Vollrauschs dringt der Alkohol in alle Bereiche des Gehirns vor und ruft ungeordnete Erinnerungsfetzen wach, die in keinerlei Zusammenhang stehen.

Niemals war ich selbst in einem vergleichbaren Zustand. Vielleicht hat mein Kontrollbewusstsein mich davor bewahrt, jemals betrunken zu werden.

Im 18. Jahrhundert wurde Alkoholismus als »Krankheit des Willens« bezeichnet. Es sollte bis 1968 dauern, dass die Weltgesundheitsorganisation von einer unverschuldeten Krankheit sprach, der ein Abhängigkeitssyndrom zugrunde liegt. Trotzdem hegen nach wie vor zahlreiche Menschen die Überzeugung, Alkoholiker seien selbst schuld an ihrer Misere. Immer wieder warf die Presse Harald mangelnde Willenskraft vor und stilisierte ihn zum »Trinker der Nation«. Die eigentliche Ursache, dass er nämlich alkoholkrank war, wurde anfangs gar nicht thematisiert. Das kam erst, als seine Abstürze und Ausfälle eklatante Formen annahmen und eine psychiatrische Entzugsbehandlung unumgänglich war. Trotzdem lauerten ihm weiterhin Paparazzi auf, um ein unwürdiges Foto zu schießen. Woher nahmen diese Menschen das Recht, Harald in seiner Alkoholkrankheit dermaßen zu erniedrigen?

Sucht- und psychische Erkrankungen sind auf eine gewisse Weise unsichtbar. Von einem physisch Kranken wird nicht erwartet, dass er so funktioniert wie ein Gesunder. Niemand würde einen Menschen, der an einer schweren oder gar unheilbaren körperlichen Krankheit leidet, auffordern, sich nicht so anzustellen und sein Leben endlich in den Griff zu kriegen.

Als ich mir eingestehen musste, dass Harald schwerst alkoholkrank war, waren wir schon Jahre verheiratet. Er konnte längere Zeit abstinent sein, und dann wieder wurde ihm das sprichwörtliche erste Glas zum Verhängnis. Dabei artete es nicht jedes Mal in einen Vollrausch aus. Es war ein Teufelskreis. Mit ansehen zu müssen, wie Harald nach Trockenphasen immer wieder seiner Sucht verfiel, war eine Qual. Wieder und wieder fragte ich mich, was ihn dazu trieb. Ich beobachtete seine Verhaltensmuster, um nachvollziehen zu können, was der Auslöser war. Harald muss unter enormem Druck gestanden haben, bevor er sich ins Delirium trank.

Nie hätte Harald sich verziehen, eine Premiere bewusst zu gefährden, und nie begann er unmittelbar nach einer Premiere oder nach Abschluss der Dreharbeiten zu einem Fernsehfilm zu trinken, wenn sich das ganze Theaterensemble oder das Fernsehteam zur anschließenden

Feier traf. Ich war bei jeder von Haralds Premieren im Theater mit dabei, doch in meiner Gegenwart zu trinken hätte er nie gewagt. Wenn Harald den Drang verspürte, zu trinken, dann wusste er, wo er hingehen konnte. Für mich war das nicht vorhersehbar und kam jedes Mal vollkommen unerwartet.

Bevor ein neues Stück Premiere hatte, hatten alle Mitwirkenden mit dem Regisseur in wochenlangen Proben hart darauf hingearbeitet und gehofft, dass das Stück beim Publikum wie bei den Kritikern ein Erfolg werden würde – und der Schlussapplaus war ihr Lohn. Auf der anschließenden Premierenfeier konnten sich alle entspannen und ihren Erfolg feiern. Nachts kauften wir dann auf dem Heimweg die ersten Zeitungen mit den Vorkritiken. Schwierig wurde es, wenn Harald nach einer Vorstellung nicht zur gewohnten Zeit nach Hause kam. Dann wusste ich instinktiv, es war wieder passiert. Ändern konnte ich in diesem Moment nichts daran, es blieb mir nur zu hoffen, dass er irgendwann heimkam, um seinen Rausch auszuschlafen. Schließlich musste er am nächsten Abend wieder nüchtern im Theater auf der Bühne stehen.

Harald selbst sprach vom »Teufel Alkohol«. Oft brauchte es nur einen kleinen Anstoß, und schon war er dessen Stimme hörig. Dann war alles andere vergessen: seine Versprechen mir gegenüber ebenso wie die vertraglichen Vereinbarungen mit Fernsehproduzenten. Es war ein fatales Spiel, dem Harald nicht entfliehen konnte. Ohnmächtig trieb er sich selbst in den drohenden Ruin. Was er wirklich empfand, wenn es ihn überkam, kann wahrscheinlich nur ein Mensch nachvollziehen, der selbst alkoholkrank ist und weiß, wie es ist, wenn der Teufel Alkohol ihm immer wieder vorgaukelt, er könne jederzeit aufhören, auch wenn das längst nicht mehr stimmt.

Es stand nicht in meiner Macht, Harald vom Trinken abzuhalten oder ihn zu bevormunden. Bezeichnenderweise hatte Harald nie zu Hause begonnen zu trinken. Ich musste keine Flaschen vor ihm verstecken. Wenn, dann kam er nachts bereits betrunken nach Hause. Über das Thema zu diskutieren war sinnlos. Das wollte und musste ich den Ärzten überlassen. Was man nicht versteht, kann man auch nicht tolerieren. Bei allem Respekt, ich konnte ihn nicht ändern. Ich wehrte mich aber gegen die Verhaltensmuster der Co-Abhängigkeit, wollte nicht unbewusst mit daran schuld sein, dass er trank.

Harald wusste immer, wo er seinen Stoff bekam. Niemand konnte ihn kontrollieren.

Als die Entgleisungen gefährliche Züge anzunehmen drohten, bestand ich darauf, dass er sich in professionelle Hände begab. Ein bekannter Neurologe im Urban-Krankenhaus behandelte ihn über Jahre, von der Psychoanalyse über Therapiemaßnahmen bis zu Medikationen, die das Verlangen nach Alkohol blockieren. Das Krankenhaus war im Notfall eine sichere Anlaufstelle, um zu verhindern, dass ein Rückfall in einen Exzess ausartete.

Harald outete sich und betonte öffentlich, dass er alkoholkrank sei. Der Autor Curth Flatow sagte deshalb einmal mit leichter Ironie: »Harald ist das Gegenteil eines anonymen Alkoholikers.«

Bei aller Liebe konnte ich seine Abstürze nicht vorhersehen, nur durch schnelles Eingreifen Schlimmeres abwenden. Harald musste sich dem Kampf gegen seine Krankheit selbst stellen. Ich bestärkte ihn darin und führte ihm immer wieder vor Augen, dass er die innere Kraft besaß, vermeintliche Schwächen in Stärken umzuwandeln. Ich war überzeugt, er konnte es schaffen.

Doch die Sucht war stärker.

Harald schwankte in jenen Jahren zwischen Euphorie und Depression. Manische Depressionen werden seit alters besonders häufig bei Künstlern beobachtet. In der Wissenschaft spricht man von einer bipolaren Erkrankung, bei der abwechselnd Phasen von extremer Niedergeschlagenheit und überschwänglicher Fröhlichkeit auftreten. Das kann auch durch Suchterkrankungen wie den Alkoholmissbrauch verursacht werden. Aus medizinischer Sicht ist inzwischen erwiesen, dass bipolare Erkrankungen im späteren Verlauf zu kognitiven Störungen, also zu einer Beeinträchtigung des Bewusstseins, führen können.

Behandlungsmöglichkeiten einer bipolaren Erkrankung sind Psychotherapie und Psychopharmaka. Medikamente können das Krankheitsbild zeitweise verbessern, gleichzeitig aber auch schaden. Keine Wirkung ohne Nebenwirkung. In Haralds Worten: »Wer sich in eine Psychotherapie begibt, verliert seine Fantasie und Persönlichkeit.«

Indes steuerte Harald immer gefährlichere Gewässer an. Genie und Wahnsinn lagen dicht beieinander. Immer wieder konnte ich seine unvermeidbaren Abstürze stoppen, indem ich dafür sorgte, dass sein Hausarzt rechtzeitig zur Stelle war. Doch die Sucht war heimtückisch, lag stets auf der Lauer.

Die erste Sendung von *Musik ist Trumpf* wurde aus dem gerade neu eröffneten Internationalen Congress Centrum (ICC) in Berlin übertragen und bescherte Harald einen weiteren glänzenden Höhepunkt seiner Fernsehkarriere. Peter Gerlach, der damalige Leiter der Hauptredaktion Unterhaltung und Stellvertretende Programmdirektor des ZDF, schrieb mir nach dem sensationellen Erfolg:

MAINZ, DEN 5. APRIL 1979

*Sehr verehrte, liebe Frau Juhnke!*
*Wir haben's hinter uns, und da es bravourös war –*
*allenthalben wird's bestätigt –, haben wir nun sehr*
*vieles, hoffentlich nicht weniger Glückhaftes vor uns.*
*Haralds Karriere im Bewußtsein einer großen Öffentlich-*
*keit hat in den zurückliegenden vier oder fünf Jahren*
*einen gewaltigen Auftrieb genommen. Sie und Harald sind*
*darüber froh und glücklich, ich, der ich nicht zur Familie*
*gehöre, fühle mich durch den eingetretenen, schwer*
*erarbeiteten Erfolg bestätigt in meiner Überzeugung,*
*daß Harald Juhnke nicht »nur« der große Komödiant,*
*der exzellente Schauspieler ist, sondern alles hat, was*
*den modernen Entertainer auf unserer Szene ausmacht.*
*Nun stehe ich nicht eitel vorm Spiegel und sage zu mir*
*selbst: »Ich hab's ja immer gewußt«, sondern bin unendlich*
*dankbar für diese Erfahrung und mit Ihnen beiden*
*glücklich, daß der mit Kontinuität beschrittene Weg zu*
*einem ersten großen Ziel geführt hat.*

*Viele Aufgaben warten noch auf Harald, und wir
müssen uns alle darüber klar sein, daß die Euphorie,
mit der er jetzt gefeiert wird, die Erwartungsmarke für
morgen ist.
Man sagt immer, nichts sei erfolgreicher als der Erfolg –
wie schwer er erarbeitet wird, wissen Sie ganz gewiß
so gut wie ich.
Ihnen heute ganz persönlich danke zu sagen für das,
was Sie in weniger glücklichen Zeiten für Harald getan
haben, damit für uns und damit vor allen Dingen für
ein dankbares Publikum, ist der Sinn dieses Briefes.
Ich wünsche Ihnen, Harald dem Glücklichen und Oliver
schöne Ostertage und grüße Sie in herzlicher
Verbundenheit
    Ihr
    Peter Gerlach*

Harald war überwältigt von seinem großen Erfolg mit
*Musik ist Trumpf.* Es war wie ein Rausch. Er verstand es,
ein Millionenpublikum zu unterhalten und mitzureißen,
ganz im Sinn des klassischen Entertainers. Er wurde als
»deutscher Sinatra« gefeiert und war stolz auf diesen
Vergleich. Frank Sinatra war schließlich sein großes Idol.
Seine Musik versetzte ihn Abend für Abend in Stimmung, bevor er auf die Bühne ging. Und noch etwas anderes faszinierte ihn an seinem Vorbild: diese hemmungs-
lose Sucht nach Leben, wie er sie von sich selbst zur
Genüge kannte.

Wie Harald hatte auch Sinatra Alkoholprobleme. In
ihrer Kunst wie in ihrer Sucht waren sie seelenverwandt.
Harald imponierte, dass Sinatra es nach seinen Abstürzen

immer wieder geschafft hatte, aufzustehen und weiterzumachen. »Harald, det schaffste doch och«, pflegte er zu sagen.

Wie übermächtig der Einfluss des Alkohols war, zeigte sich darin, dass Harald seinen bisher größten Erfolg beim ZDF letztlich mit einem Alkoholexzess sabotierte. Peter Gerlach, der längst zu einem guten Freund geworden war, bat ihn inständig, sich helfen zu lassen. »Steige aus aus diesem Teufelskreis, begib Dich in eine Klinik«, schrieb er. »Niemand vermag Dir zu helfen, wenn Du nicht bereit bist, Dir helfen zu lassen.«

Harald begab sich tatsächlich in eine klinische Entzugsbehandlung. Ich war erleichtert. Die eigene Bereitschaft, eine Krankheit zu besiegen, mit ihr umgehen zu lernen, ist der erste Schritt zur Besserung. Warum hätte ich nicht an ihn glauben sollen?

Vor allem wollte Harald sein Publikum nicht enttäuschen. Offen bekannte er sich zu seiner Schwäche, und sein Publikum hielt zu ihm – auch wegen seiner Ehrlichkeit.

Doch das nächste Verhängnis war fast schon vorprogrammiert: Auf berufliche Höhenflüge folgte der Absturz. Aus dem Schaffensrausch in den Alkoholrausch. Aus der Euphorie in die Depression.

Ich will nicht mehr an all die Situationen denken, in denen Harald der Teufel ritt. Ich will an das Gute denken, das Schöne, das wir teilten und das letztlich alles andere überwiegt.

Die entwürdigenden Zustände aber, die Harald selbst

heraufbeschwor, brachten unser Familienleben ins Wanken und drohten unsere Ehe zu gefährden. Mir war längst klar, dass Harald lebenslang suchtgefährdet bleiben würde. Er selbst musste den Wunsch, den Willen und die Kraft aufbringen, absolut abstinent zu werden. Weder Vorwürfe noch grenzenloses Verständnis würden ihm helfen. Also wurde ich zum ersten Mal deutlich und sagte ihm, dass ich nicht mehr gewillt sei, seine Exzesse weiterhin mitzutragen. Er schrieb mir zur Antwort einen rührenden Brief, und ich glaubte ihm, dass er den Ernst der Lage erkannte.

Ich fuhr nach Paris und machte einen Intensiv-Sprachkurs, um Abstand zu bekommen. Bewusst ging ich das Risiko ein, damit Harald zur Besinnung kam. Obwohl er mir fehlte und es mir übel nahm, dass ich ihn mit seinem Problem im Stich ließ.

Vielleicht war ich wirklich überzeugt, dass er es diesmal schaffen würde. Zumindest hoffte ich es. Irgendwann, so dachte ich, muss er doch an den Punkt der inneren Erkenntnis kommen. Aber nicht jedem Alkoholkranken gelingt das.

Wie unsäglich schwer muss es sein, ein Leben lang gegen die Alkoholsucht anzukämpfen. Harald versuchte mit eisernem Willen seiner Krankheit Widerstand zu leisten. Doch immer wieder gab es Momente, in denen er nachgab, und sie hatten ein ums andere Mal fatalere Folgen.

Zahlreiche Menschen machten sich Sorgen um ihn, allen voran die Familie und Freunde, doch sie vermieden es, ihm Vorwürfe zu machen.

Zu seinem achtundsechzigsten Geburtstag dichtete der Produzent der TV-Verfilmung des *Hauptmann von Köpenick* den Monolog mit folgenden Zeilen für ihn um:

*Die innere Stimme*
*Da hat se jesprochen*
*Mensch, hat se gesagt*
*Einmal kneift jeder 'n Arsch zu – auch du –*
*Und dann stehste vor Gott dem Vater*
*Und der fragt dir ins Jesicht:*
*Harald Juhnke, wat haste jemacht mit dein' Leben?*
*Und da muss ick sagen:*
*'ne Menge Mist hab ick jemacht*
*Hochprozentjen Mist*
*Aber ick hab mein janzet Leben Millionen Menschen*
*Unjeheure Freude bereitet.*
*Na, denn isses jut! Komm rin, mein Sohn.*

Die Hoffnung stirbt zuletzt, heißt es. Doch unerwartet kam der erneute Rückfall. Am 17. August 1997, nach seiner letzten Vorstellung des *Hauptmann von Köpenick* im Maxim-Gorki-Theater, musste Harald wieder in die Klinik eingeliefert werden.

Es glich einer Odyssee. Grausame Wahnvorstellungen jagten einander und brachten ihn an den Rand seiner psychischen Kraft. Es wurde sein bisher längster stationärer Krankenhausaufenthalt. Nicht nur die Organe, auch sein Gehirn hatte erheblichen Schaden erkennen lassen. Zum ersten Mal erklärte Harald sich freiwillig bereit, sich einer längeren stationären psychiatrischen

Behandlung zu unterziehen. Die Ärzte warnten ihn, dass sein Gehirn einen weiteren Exzess womöglich nicht überstehen würde.

Eine brutale Aussage! Ich hoffte, dass diese unmissverständliche Vorwarnung Harald im Gedächtnis bleiben würde.

Es war ein Wunder, wie Harald sich 1997 nach sechswöchigem Entzug in Basel körperlich und geistig von diesem schweren Rückfall langsam erholte, auch wenn gewisse Spuren blieben: Sein zentrales Nervensystem war bereits vorgeschädigt gewesen. Eindringlich mahnte ihn sein Professor bei der Entlassung aus der Klinik: »Sie sind zwar wieder arbeitsfähig, aber nicht geheilt. Bei einem nochmaligen Rückfall kann ich für nichts mehr garantieren.«

Dass Haralds Gehirn immer noch so gut funktionierte, hatte er aus neurologischer Sicht dem Umstand zu verdanken, dass das jahrzehntelange Auswendiglernen von Texten und langen Monologen wie ein permanentes Gehirntraining gewirkt hatte. Das verschleierte wohl auch die ersten Anzeichen seiner Merkfähigkeitsstörungen – ein Symptom, das ansonsten als Vorzeichen für eine mögliche Demenzerkrankung deutlicher zutage getreten wäre. Hinzu kam, dass Harald ein Meister im Verdrängen war und seine Schwächen glaubhaft überspielen konnte.

Die Mahnung des Arztes hatte Harald wohl einen ernsthaften Denkanstoß gegeben. Ihm musste klar geworden sein, dass er nur dann weiter seinen beruflichen Tätigkeiten nachgehen konnte, wenn er ab sofort abstinent blieb. Dafür war er bereit, regelmäßig ein Medikament einzunehmen, das vorbeugend gegen das Verlangen nach Alkohol wirken soll.

Harald wirkte in dieser Zeit ruhebedürftiger, ernsthafter und in sich gekehrt. Offensichtlich genoss er es, zu Hause zu sein und nichts tun zu müssen. Sicher brauchte er auch eine Erholungspause, um wieder Energie aufzuladen. Er las viel, hörte CDs oder sah fern.

Und als Harald trocken blieb, erst Monate, dann Jahre, begann ich allmählich wieder an das ganz große, unbeschwerte Glück an seiner Seite zu glauben.

Es war unglaublich: Langsam, aber sicher fand Harald zu seiner alten Form zurück. Er hatte sich nach und nach regeneriert, und schon bald nach seinem Klinikaufenthalt fühlte er sich fit genug, um wieder arbeiten zu können. Er war wieder mitten im Leben, besser gesagt: in seinem Element. Sein Manager Peter Wolf hatte Verträge für eine moderate Zahl an Showauftritten und Galas abgeschlossen, und 1998 stand Haralds fünfzigjähriges Bühnenjubiläum bevor. RTL zeichnete ihn mit dem Goldenen Löwen für sein Lebenswerk aus. An Aufhören war nicht zu denken, er wollte spielen bis zum Umfallen. Im Scherz hatte er immer wieder gesagt, dass er einmal als König Lear auf der Bühne sterben wolle. Ich wollte nur gemeinsam mit ihm alt werden.

In etlichen Talkshows erzählte ein geläuterter Harald von den Gefahren der Sucht und versprach seinem Publikum, keinen Alkohol mehr anzurühren.

Auch in seinem letzten großen Interview, das er 1998 in unserem damaligen Haus in der Lassenstraße gab, sprach Harald über seine Alkoholkrankheit, die Unruhe, die ihn nach einer Premiere ergriffen und zum Trinken getrieben hatte. Er wirkte so voller Klarheit und Gelassenheit, so voller Einsicht. Ich kannte jedoch auch das Zügellose in seinem Charakter, das Mitreißende, das ihn zugleich so schillernd erscheinen ließ. Soeben war seine Autobiografie *Meine sieben Leben* erschienen, und wir beide wussten, dass es weit mehr als sieben Leben gewesen waren, die der Alkohol bereits eingefordert hatte. Harald war das Stehaufmännchen der Nation, hatte nach jedem Absturz neue Herausforderungen angenommen und mit Bravour gemeistert – wie etwa *Der Hauptmann von Köpenick* für die ARD, *Schtonk!* oder seine grandiose Interpretation von Falladas *Der Trinker*. Wie es tief innen in ihm aussah, wusste ich nicht. Er sprach nicht mehr von dem Teufel Alkohol, und wir haben das Thema bewusst ruhen lassen.

Das Schicksal, so glaube ich, wird uns auferlegt, ob wir es nun annehmen oder nicht. Man hat keine andere Wahl, als es als gegeben hinzunehmen. Was mir erst spät in aller Konsequenz bewusst wurde, war, dass sich Haralds Alkoholkrankheit wie ein roter Faden bis in die Demenz durch mein Leben zog.

Lange Zeit habe ich mir Vorwürfe gemacht, mich gefragt, ob und wie ich seinen finalen Absturz in Baden bei Wien hätte verhindern können. Wenn ich dabei gewesen wäre, hätte er wahrscheinlich abends das Hotel nicht verlassen, um später in der Bar zu versacken. Doch wenn es nicht an jenem Abend geschehen wäre, dann an einem anderen. Die Phase der Enthaltsamkeit hatte uns alle getäuscht. Die Krankheit war längst nicht überwunden, sondern schlummerte nur. Harald war nicht geheilt, würde es niemals sein. Er hatte sich Strategien im Umgang mit der Sucht angeeignet, doch gegen den Teufel Alkohol waren sie wirkungslos. Von der einen Sekunde auf die andere hatte er Harald wieder im Griff.

VIERTES KAPITEL

## »Verharmlosen Sie die Krankheit nicht länger!« – Die Stunde der Wahrheit

*Es gibt Ereignisse im Leben, die kommen daher*
*wie eine kleine Naturgewalt, wirbeln alles*
*   durcheinander,*
*stellen alles auf den Kopf, und plötzlich ist nichts*
*   mehr,*
*wie es vorher war.*

HENDRIKJE FITZ

Zweieinhalb Jahre lang hatte Harald dem Alkohol erfolgreich Widerstand geleistet. Es schien ihm in all der Zeit nie schwerzufallen, gänzlich darauf zu verzichten. Bei uns zu Hause war Ruhe eingekehrt, und die Anspannung, unter der ich viele Jahre lang gelitten hatte, legte sich nach und nach. Alles deutete darauf hin, dass Harald sich unter Kontrolle hatte. Auch im Sommer 2000, als die Dreharbeiten zu dem ARD-Fernsehfilm *Zwei unter einem Dach* zusammen mit Otto Schenk und Suzanne von Borsody unter der Regie von Peter Weck anstanden. Der Produzent war Karl Spiehs, ein guter Bekannter. Alles in allem war es ein vertrautes und zugleich hochgeschätztes Ensemble – lauter

73

Kollegen, mit denen Harald sich wohlfühlen würde. In Baden bei Wien sollten die Dreharbeiten stattfinden. Am 8. Juli flog Harald nach Wien – geplant war, dass ich ihm am nächsten Wochenende folgen würde. Doch es sollte anders kommen.

Rückblickend muss ich zugeben, dass es erste Anzeichen gegeben hatte. Das straffe Arbeitspensum des letzten Jahres hatte Harald ausgelaugt und ihn viel Kraft gekostet. Die Nonstop-Auftritte 1999 waren offensichtlich zu viel des Guten gewesen. Er musste sich dazu zwingen, auch mal die Beine hochzulegen und sich eine Pause zu gönnen. Schließlich war er nicht mehr der Jüngste.

Einerseits machte ich mir Sorgen, ob Harald die Strapazen verkraften würde, andererseits hatte ich das Gefühl, dass er sich zu Hause langweilte und nichts mit sich anzufangen wusste, auch lesen oder fernsehen schienen ihm keinen Impuls mehr zu geben. Ich wertete das zunächst als eine gewisse Antriebsarmut, die seinem Erschöpfungszustand geschuldet war.

Stutzig wurde ich, als Harald das Drehbuch für *Zwei unter einem Dach* bekam und es vorerst beiseitelegte. Das war ungewöhnlich. Normalerweise konnte es gar nicht schnell genug gehen, dass er seine Textpassagen auswendig lernte. Aber auch das ließ sich zur Not noch mit einer gewissen Ermüdung erklären. Vielleicht konnte er sich einfach nicht darauf konzentrieren.

Zu denken hatte mir auch gegeben, als Harald einmal einen nachmittags stattfindenden Probedurchlauf für einen Galaauftritt mit dem Auftritt selbst verwechselte, der für den Abend vorgesehen war. Zum Glück konnte sein

Manager Peter Wolf ihm vermitteln, dass er sich geirrt hatte. Ein anderes Mal, so wurde mir erzählt, hatte Harald seinen Text vergessen und den Ablauf des Programms durcheinandergebracht. Bei einer anderen Livesendung ließ man ihn sicherheitshalber Vollplayback singen. Es war nicht zu übersehen: Harald hatte sich verändert.

Der Verlauf jener verhängnisvollen Tage im Juli 2000 ist schnell erzählt.

Am Abend, als Harald im Hotel angekommen war, rief er mich an und gab mir seine Telefonnummer durch. Er wohnte in einer Suite im Grand Hotel in Baden bei Wien. Ich hätte beruhigt sein können, doch mich beschlich ein ungutes Gefühl.

Tags darauf waren Kostümproben angesagt. Am Montag sprach Harald mit dem Regisseur die Dispositionen für den ersten Drehtag durch. Am selbigen Abend lud Karl Spiehs das gesamte Team zu einem Begrüßungsdinner ein. Es soll ein freudiges Wiedersehen gewesen sein, erzählte man mir. Harald, der mich kurz vorher noch angerufen hatte, blieb den ganzen Abend bei Mineralwasser, war bester Stimmung und schien in Vorfreude auf die Dreharbeiten zu sein. Kein Grund, sich Sorgen zu machen.

Alles, was sich dann abspielte, weiß ich nur vom Hörensagen. Bevor Harald nach dem Abendessen auf seine Suite zurückging, entschied er sich, noch einen »Spaziergang« zu machen. Es war kurz vor Mitternacht. Unterwegs winkte ein Taxi herbei und fuhr in die Bar Filou. Der erste Whisky war der Beginn einer Odyssee mit ungeahnten Folgen.

Am 11. Juli weckte mich gegen 7 Uhr der Anruf einer Mitarbeiterin der Filmproduktion. Harald war volltrunken, lag in seinem Hotelzimmer und war nicht in der Lage zu drehen.

Es sollte der letzte Schock dieser Art in meinem Leben gewesen sein. Wie auf Knopfdruck musste ich funktionieren, um zu verhindern, dass Harald weitertrank.

Als Erstes instruierte ich die Produktionsleitung, wie mit der Situation umzugehen sei und welche Sofortmaßnahmen zu ergreifen seien. Als Nächstes telefonierte ich mit Professor Müller-Spahn von der Psychiatrischen Universitätsklinik Basel. Gott sei Dank erreichte ich ihn persönlich. Nach seinem letzten Absturz 1997 war Harald unter falschem Namen in die Klinik aufgenommen und erfolgreich therapiert worden.

Professor Müller-Spahn riet mir eindringlich, Harald auf dem schnellsten Wege nach Basel zu bringen, um keine Zeit zu verlieren. Umgehend organisierte Oliver einen Privatjet. Gemeinsam mit unserem Arzt Dr. Moschiry flogen wir mittags nach Wien. Dr. Moschiry war uns in all den Jahren eine große Unterstützung gewesen. Seit Jahrzehnten war ihm Haralds Alkoholabhängigkeit von A bis Z bekannt. Unzählige Male war er der Retter in der Not gewesen.

Haralds Zustand war so besorgniserregend, dass Dr. Moschiry ihm ein Beruhigungsmittel verabreichte. Zu viert flogen wir weiter nach Basel. In der Klinik angekommen, leitete Professor Müller-Spahn sofort alle notwendigen Maßnahmen für die stationäre Entzugsbehandlung ein. Anfangs war die Rede von Hirnleistungsstörungen, die sich durch Halluzinationen und

Desorientierung bemerkbar machten. In den darauffolgenden Tagen wurden Röntgen- und MRT-Aufnahmen von Haralds Gehirn angeordnet.

Am 27. Juli 2000 stand Haralds Diagnose fest: Wernicke-Korsakow-Syndrom, eine sogenannte akute Enzephalopathie, eine Störung der Gehirnfunktionen also, die in ein amnestisches Syndrom überging, mit einer schweren Beeinträchtigung des Gedächtnisses. Haralds Gehirn war irreversibel geschädigt. Nur die Zeit würde zeigen, ob und in welchem Maße die geschädigten Funktionen möglicherweise durch intakte Hirnareale ausgeglichen würden.

Dies waren die Fakten, die einem K.-o.-Schlag gleichkamen. Die Folgen, vor denen wir standen, waren unabsehbar – sowohl für Harald als auch für unser gemeinsames Leben.

Niemals werde ich erfahren, was ihn in jener Nacht dazu getrieben hatte. Vielleicht wollte Harald eine gewisse Unsicherheit kaschieren oder sich Mut antrinken. Am nächsten Tag sollten die Dreharbeiten beginnen. Natürlich hatte die Alkoholkrankheit Spuren hinterlassen, seine Gesundheit und seine Merkfähigkeit in Mitleidenschaft gezogen, auch wenn mir damals nie in den Sinn gekommen wäre, dass dies erste Anzeichen einer Demenzerkrankung sein könnten. Das Gedächtnis ist für einen Schauspieler eines der wichtigsten Instrumente. Hatte er am Ende befürchtet, er könnte den Text vergessen? Er musste gespürt haben, dass ihm seit geraumer Zeit das Lernen von neuen Texten Schwierigkeiten bereitete. Hatte er Sorgen, sich vor seinen Kollegen zu blamieren? Angst, vergesslich zu werden? Seinen geliebten Beruf nicht mehr ausüben zu können?

Möglicherweise war es so. Vielleicht wollte er wirklich nur seine Ängste betäuben, überschätzte sich selbst – und steuerte unbewusst in die Katastrophe.

Es sollte das letzte Mal gewesen sein, dass er sich betrank. Nie mehr rührte er nach jener Zechtour einen Tropfen Alkohol an. Doch es war zu spät. Seine Gehirnzellen waren auf Dauer geschädigt. Dies war der Beginn seiner Reise in die Welt des Vergessens.

Der Begriff »Wernicke-Korsakow-Syndrom« war mir nicht unbekannt. Es war Professor Dr. Müller-Spahn gewesen, der Harald nach seinem letzten Entzug vor zweieinhalb Jahren eindrücklich gewarnt hatte. Um sicherzugehen, dass sein Patient den Ernst der Lage erkannte, hatte er nach Haralds Entlassung zweieinhalb Jahre zuvor einen Brief geschrieben mit den Worten: »Lieber Herr Juhnke, ich kann Sie nur als wiederhergestellt, jedoch nicht als vom Alkohol geheilt entlassen. Verharmlosen Sie Ihre Krankheit nicht länger!«

Die Röntgen- und MRT-Aufnahmen von 1997 hatten eindeutig erste Anzeichen einer krankhaften Veränderung des Gehirns gezeigt. Die aktuellen Aufnahmen vom Juli 2000 waren ernüchternd. Sie zeigten eine weitreichende Schädigung des Hirngewebes.

Die Symptome der Wernicke-Enzephalopathie waren ebenso vielfältig wie erschreckend: Antriebslosigkeit, Desorientierung sowie Störungen der Motorik und der Merkfähigkeit, Stimmungsschwankungen und Wortfindungsstörungen.

Harald in diesem Zustand zu wissen und zu erleben war schmerzvoll und grausam zugleich.

Als die akute Phase der Erkrankung in die chronische überging, die sogenannte Korsakow-Psychose, verstärkte sich seine Desorientierung. Hinzu kamen immense Gedächtnisstörungen und Realitätsverluste. Ein weiteres Symptom war das Konfabulieren: Gedächtnislücken werden mit irrationalen Assoziationen überbrückt, nicht vorhandene Erinnerungen mit Fantasiegebilden ausgefüllt. Harald hatte jeglichen Bezug zur Wirklichkeit verloren.

All die Jahre über, die ich meinen Mann durch die Krankheit begleitete, fragte ich mich, was er tatsächlich noch fühlte. Sein Kurzzeitgedächtnis war weitestgehend ausgelöscht. Er bewegte sich in einem Irrgarten der Erinnerungen, von denen weite Teile nicht mehr existierten. Seine Gedankensprünge waren oft unkontrolliert. Eine normale Unterhaltung war nur selten möglich, und ich war mir nie sicher, ob er verstand, worüber wir redeten. Ich wusste nur, er würde es wieder vergessen.

Harald wirkte geradezu besessen von der Vorstellung, sich mitten in einem Dreh zu befinden. Sein Beruf war schließlich sein Lebenselixier gewesen. Oftmals rezitierte er Textpassagen fehlerfrei, sang sogar Strophen eines seiner Songs. Die meiste Zeit aber war er von einem Getriebensein erfüllt, das sein konfuses Innenleben widerspiegelte. Er stand unter dem Druck, in Eile zu sein. Hektisch suchte er nach seinem Drehplan, doch vergeblich. Aus dem Krankenhaus rief er mich an, fragte, wo denn der Produktionsfahrer bleibe.

Als besonders unheimlich habe ich seine Halluzinationen empfunden. Manchmal glaubte Harald, Einbrecher seien am Werk. Er fühlte sich bedroht, wollte sich zur Wehr setzen – oder er versteckte sich aus Angst. Ein anderes Mal diskutierte er erregt mit vermeintlichen Leuten im Raum: »Der Mann neben mir soll endlich aufhören, mich zu beschimpfen.« Wütend stand er vor seinem Spiegelbild, ohne sich selbst zu erkennen.

Phasen der Unruhe gingen unvermittelt in Apathie über. Seine Augen wirkten leer. Er ließ Stunden, gar Tage an sich vorüberziehen, schlief oder saß vor dem Fernseher, ohne mitzubekommen, was rings um ihn geschah. Im Fernsehen lief ein Film, in dem er die Hauptrolle spielte. Ob Harald sich selbst wahrnahm, dessen war ich mir nicht sicher.

Es war unendlich bedrückend.


Unser gemeinsames Leben hatte einen abrupten Wandel erfahren. Ich durchlebte ein Chaos der Gefühle, das mich ohnmächtig in die Verzweiflung trieb. Manchmal empfand ich auch Wut.

Die Korsakow-Demenz zählt zu den sogenannten sekundären Formen, bei der die Demenz die Folge einer anderen Vorerkrankung ist – in Haralds Fall war es die Alkoholsucht. Wenngleich ich nicht wahrhaben wollte, dass Harald nie wieder gesund werden würde, nahm ich die Krankheit sehr ernst. Mein Mann war demenzkrank. Was immer auch der Auslöser dafür gewesen sein mochte, dass er in jener verhängnisvollen Nacht rückfällig geworden war, letztendlich war seine Alkoholkrankheit die Ursache. Es liegt in der Natur der Sucht, dass der Erkrankte die Gefahr verkennt, die zeitlebens besteht.

Ich war nicht wütend auf Harald. Die Wut richtete sich gegen seinen Komplizen, den Alkohol, der ihn gekidnappt und mir meinen Mann genommen hatte.

Im Anfangsstadium seiner Demenzerkrankung war es für mich wichtig, zu beobachten und zu erahnen, was in seinem Kopf vorging und ihn im jeweiligen Augenblick beschäftigte. Manchmal war er verbal gut zu verstehen. Dann wieder war es mir kaum möglich, einen Zusammenhang zwischen seinen Worten zu erkennen. Doch es sind nicht immer nur die Worte, mit denen wir uns mitteilen. Vor allem sind es die Gefühle.

Harald brauchte Ruhe und einen ausgeglichenen Tagesrhythmus. Anfangs klappte das recht gut. Harald schlief lange, manchmal sogar zehn bis zwölf Stunden. Nachdem er sein gewohntes Müsli zum Frühstück gegessen hatte, setzte er sich in seinen Sessel. Dann stellte er den Fernseher an und starrte teilnahmslos auf den Bildschirm, ohne auf das Gesehene zu reagieren. Nach dem Mittagessen machte er ein Nickerchen, und wenn möglich nahmen Freunde oder Oliver ihn anschließend mit zu einem Spaziergang. Nach dem Abendessen sahen wir fern. Harald schlief manchmal schon während der Sendung ein. Ohne jegliche Vorankündigung war ich von heute auf morgen zu seiner Pflegerin geworden.

Es war kein leichter Einstieg. Mir fehlte all das, was ich an ihm so liebte ... sein fröhliches Naturell, unsere Gespräche, seine Späße, sein Humor. Keiner lachte so wie er. Vor allen Dingen aber vermisste ich unsere vertraute Zweisamkeit.

Naiv, wie ich war, ahnte ich nicht, welche Erfahrungen auf mich zukommen sollten. Noch trug ich die Hoffnung in mir, dass sein Zustand sich bessern würde. Es blieb mir ein Rätsel, warum das Absterben der Nervenzellen im Gehirn nicht aufzuhalten sein sollte. Und gab es nicht auch Fortschritte? Die Momente, in denen er scherzte und ansprechbar war. Wenn Freunde zu Besuch kamen und Harald sie erkannte, wertete ich das als positives Zeichen, dass seine Gehirnzellen sich regenerierten und er sich auf dem Weg der Besserung befand. Aber vielleicht machte ich mir selbst etwas vor.

Manchmal sagte er mir auch, dass er mich noch immer lieb habe. Doch mit den Wochen schwand die Hoffnung zusehends, und mein Nervenkostüm wurde immer dünner.

Nachts traute ich mich kaum mehr zu schlafen, weil ich fürchtete, Harald könnte die Nacht wie so oft zum Tag machen und umhertigern. Es wurde immer schwieriger, für seine Sicherheit zu sorgen. Der einzige Weg war, aus dem Haus auszuziehen und eine barrierefreie Wohnung für uns zu suchen.

Haralds Gefühlswelt war kaum nachzuvollziehen. Wenn er lachte, geschah dies häufig spontan und nicht aus dem Zusammenhang heraus. Hin und wieder aber überraschte er Oliver und mich mit einer witzigen Bemerkung. Für Minuten schien Klarheit in seinem Denken einzukehren. Doch nicht immer war das ein positives

Zeichen. Ich erinnere mich an eine Situation, als Harald im Flur stand. Er wirkte nachdenklich. Vielleicht war ihm in diesem Augenblick bewusst geworden, was er durch seine Alkoholexzesse angerichtet hatte; er muss darüber zutiefst verzweifelt gewesen sein. Laut und deutlich sagte er: »Berufliche positive Erfolge werden durch eigenes Verschulden nur noch als negative Rückschläge empfunden. Reue kommt zu spät. Ich werde mich umbringen.«

Die erschütternde Phase tiefster Depression brach mir fast das Herz.

Haralds Diagnose kündigte einen langen und schmerzvollen Weg an. Das Schicksal hatte mir eine knapp vierjährige Lehrzeit aufgebürdet. Ich hatte weder medizinische Vorkenntnisse, noch hatte ich Erfahrung, was mit einer Demenzerkrankung einherging. Meine Mutter war trotz ihres hohen Alters geistig klar.

Die Praxis des Alltags führte mir den Verlauf der Krankheit vor Augen. Ich entwickelte Verständnis für die Demenz und musste lernen, mit ihr umzugehen. Es war eine Herausforderung, der ich mich stellen musste. Es ist nicht einfach, sich mit den Symptomen vertraut zu machen. Die Demenz verläuft oft schleichend und unberechenbar in Schüben.

Ich funktionierte nicht auf Anhieb als gelernte Pflegekraft. Mit viel Einfühlungsvermögen und unendlicher Geduld versuchte ich auf meinen Mann einzugehen, soweit es seine Tagesform und körperliche Verfassung zuließen. Sich immer auf die momentane Situation zu konzentrieren verlangt enorm viel Kraft. Ein normaler

Tagesablauf war kaum möglich, da Haralds Rastlosigkeit und Desorientierung nicht vorhersehbar waren. Das Auf und Ab seiner Gefühle konnte ich nicht beeinflussen.

Am besten klappte das Einnehmen der Mahlzeiten. Harald hatte nach wie vor Appetit auf seine Lieblingsspeisen. Ich war froh zu wissen, dass ich ihm kulinarisch täglich kleine Abwechslungen bieten konnte. Wenigstens ein Wohlfühlfaktor war ihm geblieben!

Wenn ich ihm seine geliebten Sinatra-CDs auflegte, trug dies meistens zu seiner guten Stimmung bei. Erzählungen, in denen ich Erlebnisse aus der Vergangenheit aufleben ließ, aus einer Zeit, als wir noch eine heile Familie waren, zauberten unverhofft ein Strahlen auf sein Gesicht. Und so gelang es mir, der traurigen Realität etwas Aufheiterndes abzugewinnen.

Noch heute beschäftigt mich das Thema Demenz intensiv, und ich verfolge mit großem Interesse Berichte in Zeitungen und Zeitschriften und im Fernsehen. Jeder Fall, so lernte ich, ist so individuell wie der einzelne Patient und seine Biografie, die ihn geprägt hat.

Damals aber stand ich vor einem Tor, ohne zu wissen, was sich dahinter verbarg oder was auf mich zukommen würde. Ich versuchte alles, um Harald nicht an das Vergessen zu verlieren. Doch es war aussichtslos.

Mein Tagebuch wurde schon bald mein engster Vertrauter. Ich brauchte ein Ventil für all die aufgestauten Gefühle, die Ängste, die Traurigkeit.

Es gibt Dinge im Leben, so schrieb ich, die man nicht versteht.

Augenblicke, die einem nicht mehr aus dem Kopf gehen.

Erinnerungen, die einem das Herz brechen.

Geliebte Menschen, die man sehr vermisst.

Tränen, die unweigerlich kommen.

Gefühle, die man nicht steuern kann.

Tage, an denen man sich alleingelassen fühlt.

Situationen, in denen man verzweifelt ist und nicht mehr weiterweiß.

Momente, in denen man begreift, was einem wirklich fehlt. Sekunden, in denen man die Welt anhalten möchte, um auszusteigen …

Neben der Bewältigung des Alltags blieb mir oft nur die Erinnerung. Ich sehnte mich zurück nach den glücklichen Zeiten. Wenn mich die Melancholie überkam, hörte ich Musik, die mir aus der Seele sprach:[2]

*Wer versteht, was Liebe ist?*
*Sie verändert Weg und Ziel.*
*Wer versteht, was Liebe ist?*
*Immer will sie viel zu viel.*

*Wer an sie verloren ist,*
*den kann sie nur selber retten.*
*Ich sterb, wenn du nicht bei mir bist.*
*Seit ich dich sah, ist mir klar:*
*Nichts auf dieser Welt ist, wie es vorher war.*

*Wer versteht, was Liebe will?*
*Sie heilt Wunden und verstört.*

*Wer versteht, was Liebe will?*
*Sie verzaubert und verzehrt.*
*Wem sie hilft, sich zu befreien,*
*den schlägt sie zugleich in Ketten.*
*Ich sehn mich so, dir nah zu sein.*
*Diese Sucht ist unstillbar.*
*Nichts auf dieser Welt ist, wie es vorher war.*

*Wer begreift, was Liebe kann?*
*Du hast einen klaren Plan.*
*Dann sehn dich zwei Augen an,*
*und das wirft dich aus der Bahn.*
*War dein Kopf auch noch so klar,*
*wie ein Narr glaubst du an Träume,*
*Du meinst, du weißt, was Liebe ist,*
*und erkennst nicht die Gefahr.*
*Liebe ändert alles, nichts bleibt, wie es war.*
*Liebe ändert alles, nichts bleibt, wie es war.*

Nichts in unserer Welt war mehr, wie es vorher war …
Auch ich konnte nichts daran ändern. Ich konnte Harald nur noch meine Liebe beweisen.

Haralds körperliche Verfassung bereitete mir zunehmend Sorgen. So schlimm die Diagnose auch war, an der Demenz selbst stirbt man nicht. Was den Körper schwächt, sind die organischen Folgeerkrankungen wie Herz-Kreislauf-Probleme, Schluck- und Atembeschwerden, Lungenentzündung, Auszehrung und Austrocknung des Körpers (Dehydrierung), die Einschränkung der Beweglichkeit bis zur Bettlägerigkeit, Stürze und

Karzinome. Am Ende bricht der gesamte Organismus zusammen, wie ein totaler Stromausfall.

Schon einige Jahre zuvor war bei Harald ein Vorhofflimmern diagnostiziert worden. Sein Herz machte Probleme. Immer häufiger musste er in der Klinik behandelt werden. Harald wurde zunehmend orientierungslos und reagierte mit massiven Stimmungsschwankungen. Eine Odyssee durch verschiedene Fachkliniken begann. Noch immer hatte ich die Illusion, dass es uns gelingen könnte, ihn in seiner gewohnten Umgebung zu betreuen. Doch die Krankheit nahm unaufhaltsam ihren Lauf.

Im Februar 2001 eröffnete uns der behandelnde Professor, dass sich Haralds Zustand nicht mehr bessern würde. Sein Verhalten entspreche fast lehrbuchmäßig dem Wernicke-Korsakow-Syndrom.

Wieder ein Schlag. In einer Rehaklinik konnte man für Harald nichts mehr tun. Kurz darauf wurde er in die Psychiatrie der Charité verlegt und zwei Monate später mit der Begründung entlassen, dass alle therapeutischen Möglichkeiten ausgeschöpft seien. So deprimierend es klingt – Harald war austherapiert. Auf Anraten der Ärzte wurde uns nahegelegt, uns nach einer geeigneten Pflegeeinrichtung umzusehen.

Noch war es ein Ding der Unmöglichkeit für mich, meinen Mann in ein Heim zu geben. Karin, die Schwester meiner Freundin Doris, hatte sich bereit erklärt, uns weiter bei der häuslichen Pflege zur Seite zu stehen. Wir bildeten ein verlässliches Team: Oliver, Karin, Majka, die uns seit Jahren im Haushalt half, und ich.

In den folgenden Monaten mussten wir uns eingestehen, dass wir langsam, aber sicher an unsere Grenzen gerieten. Oberstes Gebot war für mich, dass Harald sich liebevoll umsorgt, beschützt und geborgen fühlen sollte.

Als Ehefrau ist man jedoch nur bedingt eine gute Pflegekraft, gleichzeitig möchte man den eigenen Mann aus Liebe und Pflichtgefühl nicht in fremde Obhut geben. Das Leid Tag und Nacht aus nächster Nähe mitzuerleben droht Angehörige durch permanente Überlastung nicht nur physisch, sondern auch psychisch krank zu machen.

Professionellen Pflegekräften erleichtert die emotionale Distanz zu den Betroffenen die Betreuung von Demenzkranken. Von ausgebildeten Betreuern darf man erwarten, dass sie sich in die pflegebedürftigen Menschen hineinversetzen können, um würdevoll mit ihnen umzugehen. Würde gebührt allen Menschen gleichermaßen, den Kranken, den pflegenden Angehörigen wie auch den professionellen Pflegekräften.

Der Pflegeberuf sollte mehr Anerkennung und eine adäquate Entlohnung bekommen, um allen gerecht zu werden, die diese harte Aufgabe erfüllen. In der Pflegereform hat sich in den letzten zehn Jahren viel getan, sowohl für Betroffene als auch für die Angehörigen von Demenzkranken. Diese sollten sich nicht davor scheuen, Beratungsstellen aufzusuchen und Hilfsangebote wie ambulante Pflegedienste, Tagespflege und Pflegeauszeiten in Anspruch zu nehmen.

Zu der Zeit, als Harald erkrankt war, standen uns viele der heutigen Möglichkeiten nicht offen – zum einen, weil es sie noch nicht gab, hauptsächlich aber, weil ich meinen Mann vor der Öffentlichkeit und den allgegenwärtigen Paparazzi schützen musste.

Zu Beginn des Herbstes 2001 verschlechterte sich Haralds gesundheitlicher Zustand. Eine Unterbringung in einer Pflegeeinrichtung schien unausweichlich.

Am 28. November 2001 besichtigte ich mit Oliver in Begleitung einer Sozialarbeiterin ein Pflegeheim, den Katharinenhof in Fredersdorf bei Berlin, der über eine Station speziell für Demenzkranke verfügte. Wir hatten einen sehr positiven Eindruck von der gesamten Einrichtung und erwogen, Harald für einen Monat auf Probe in den Katharinenhof zu bringen.

Für Angehörige ist es eine schmerzhafte Entscheidung, den geliebten Menschen in ein Heim zu geben. Das kann wohl nur jemand nachvollziehen, der den Krankheitsverlauf miterlebt hat. Es ist eine Missachtung und demütigend zugleich, wenn einige von »abschieben« reden und die Angehörigen verurteilen. Als wichtiges Kriterium sollte gelten, dass die Erkrankten in der fremden Umgebung, die sie – wie in Haralds Fall – oft gar nicht mehr wahrnehmen, von ihren Angehörigen und vertrauten Menschen regelmäßig besucht werden. Auch in einem Heim kann man sich heimisch fühlen.

Harald sollte im Katharinenhof eine professionelle und gute Betreuung finden. Am 30. November bezog er sein Zimmer, das ich mit lieb gewonnenen Dingen ausstattete: seinem Sessel, Familienfotos, einem CD-Player und vielen kleinen Details, die ihm vertraut waren. Innerhalb seiner Wohngruppe hatte jeder sein eigenes Zimmer. Der Mittelpunkt für alle Bewohner war ein großzügiger Gemeinschaftsraum mit einer offenen Küche.

Harald machte einen zufriedenen Eindruck in seiner neuen Umgebung. Doch es stimmte mich wehmütig, ihn dort zurückzulassen. Am liebsten hätte ich ihn an jenem Abend wieder mit nach Hause genommen. Das hätte an der Tatsache seiner Erkrankung jedoch nichts geändert, und so blieb ich bei ihm, bis er eingeschlafen war. Dann machte ich mich mit Tränen in den Augen auf den Weg nach Hause, wo die Einsamkeit mich erwartete.

In der folgenden Zeit lernte ich, mit meinen Kräften hauszuhalten. Ich musste mich selbst ermutigen, von nun an getrennt von Harald allein zu Hause zu leben. Es war ein Trost für mich, dass er sich in seiner neuen Umgebung gut eingelebt hatte. Offenbar vermisste er mich nicht – auch wenn er mich nach wie vor erkannte und sich freute, wann immer ich ihn besuchte. Seine Erkrankung schien zu stagnieren. Der freundliche Umgang der Pflegerinnen tat ihm offenbar wohl.

Ich beschloss, aus der Wohnung zurück in unser Haus zu ziehen, vermisste ich doch vor allem unseren Garten. Dafür nahm ich den Kraftakt des Umzugs gern in Kauf. Rechtzeitig vor Weihnachten hatte ich alles geschafft.

An Heiligabend holte Oliver seinen Vater nach Hause. Harald war in guter Verfassung. Vor unserem prachtvoll geschmückten Weihnachtsbaum verlebten wir gemeinsam mit meiner Mutter einen besinnlichen Abend. Es zeichnete sich jedoch ab, dass Harald auf Dauer im Katharinenhof besser versorgt werden konnte. Wieder musste ich Abschied nehmen ... einen Abschied, den Harald nicht wirklich registrierte. Mich umfing eine Tristesse, die mich kaum mehr loslassen sollte.

Nachdem wir das offizielle Statement von Haralds Erkrankung bekannt gegeben hatten, wurde es in der Öffentlichkeit ruhiger. Wie es um Harald wirklich stand, wussten außer den Ärzten nur das Pflegepersonal, die Familie und der engste Freundeskreis.

Sein Publikum hoffte, Harald eines Tages wieder auf der Bühne und im Fernsehen zu erleben. Nichts hätte ich uns mehr gewünscht, aber es sollte eine Illusion bleiben. Um all den Gerüchten ein Ende zu bereiten, entschloss ich mich, ein Buch über mein Leben zu schreiben. Es trug den Titel *In guten und in schlechten Tagen* und schilderte zum Ende hin die tragischen Ereignisse des Sommers 2000 bis zum Jahr 2002. Für mich war es ein wichtiger Prozess, die Gefühle aufzuarbeiten, die sich in all der schweren Zeit in mir aufgestaut hatten. Ich erlebte, wie das Schreiben Kraft in mir freisetzte – Kraft, die ich dringend brauchte, um meinen Mann weiterhin liebevoll auf seinem Weg zu begleiten.

Im März 2003 besuchte ich Harald in Begleitung von Professor Erwin Böhm vom Europäischen Netzwerk für Psychobiographische Pflegeforschung im Katharinenhof. Eine Woche später schrieb er mir folgenden Brief:

*Sehr geehrte gnädige Frau!*
*Zuerst möchte ich mich nochmals dafür bedanken,*
*dass ich Ihren Mann besuchen durfte und die Ehre hatte,*
*Sie auch persönlich kennenzulernen …*
*Ein paar Worte zu meinem Besuch (Blitzvisite bei Ihrem*
*Gatten).*
*Herzlichen Dank sage ich Ihnen vorerst einmal dafür,*
*wie toll Sie mit Ihrem Gatten umgehen und es auch*
*können. Ich denke, Sie brauchen sich nicht Tag und Nacht*
*aufzuopfern, um ihn zu besuchen. Dies tun nur Verwandte,*
*die ein schlechtes Gewissen zu ihrem »nun Patienten«*
*haben. Ich glaube nicht, dass Sie dies haben.*
*Vergessen Sie nicht, dass auch einiges an emotionaler*
*Zuwendung vom Personal gegeben werden muss!*
*Was könnte man für Herrn Juhnke im Moment noch tun?*
*Ich glaube, dass der Allgemein- und Ernährungszustand noch*
*immer etwas herabgesetzt ist. Man könnte Herrn Juhnke ein*
*bisschen von einer »Astronautennahrung« dazugeben.*
*Das Personal soll ihn mindestens dreimal pro Tag zum*
*Lachen bringen (Vigilanzsteigerung! [d.h. zur Steigerung*
*seiner Aufmerksamkeit; S.J.]). Man sollte eruieren (wie*
*Sie das ja gut machen), über was er früher als Jugendlicher,*
*als Kind lachte! Und dann diese Impulse als Therapie*
*durchziehen.*
*Man sollte ihn mindestens einmal am Tag in einen*
*seiner Anzüge (vor allem Lackschuhe) kleiden. Denn*
*nur Opa-Kleidung oder Hausschuhe während des Tages*
*führen dazu, dass man sich wie ein Opa benimmt!*
*Herr Juhnke ist ein Herr, man muss ihm von Zeit zu Zeit*
*dieses Gefühl wiedergeben (reaktivieren). Ihn auch so*
*erscheinen lassen!*

*Man sollte ihn auch im Haus nicht zu sehr abschirmen –*
*er ist und war »Chef«, lassen Sie ihn »Chef« sein.*
*Das, denke ich, ist vorerst das Wichtigste, was ich Ihnen*
*nach so einer kurzen Visite sagen kann.*
*Ich freue mich, dass es Herrn Juhnke trotz der Erkrankung*
*so gut geht.*

*Ihr sehr ergebener*
*Professor Erwin Böhm*

Ich war dankbar, eine professionelle Meinung zu hören und neue Impulse zu bekommen. Was Harald wohl dazu gesagt hätte? Spontan musste ich an seinen unvergessenen Song »Barfuß oder Lackschuh« denken. Wie oft hatte er ihn gesungen, elegant, mit seinem warmen Timbre und kess ...

*Barfuß oder Lackschuh, so geht es bei mir zu!*
*Nie die goldene Mitte,*
*immer volles Risiko!*

So hatte er gelebt, mit vollem Risiko. Ob er je daran dachte, wohin dieser Weg führen könnte?

FÜNFTES KAPITEL


## »Meine Liebe geht neben mir, untergehakt« – Erinnern und Vergessen

*Wenn ich mein Inneres öffne,*
*mache ich mich nicht etwa verletzlicher,*
*sondern stärker.*

ISABEL ALLENDE


Als das Jahr 2003 anbrach, waren viele meiner Hoffnungen längst gestorben. Ich hatte schlussendlich begriffen, dass es keine Heilung mehr für Harald gab. Nichts mehr würde so werden, wie es einmal war. Die einzige Hoffnung, die ich mir gestattete, war, dass die Demenz nur langsam fortschreiten, vielleicht sogar stagnieren würde.

Meine wöchentlichen Besuche bei Harald machten mich zuversichtlich. Als ich Mitte Januar zu ihm fuhr, traf ich ihn im Gemeinschaftsraum an, wo er seinen Kaffee trank. Er war in relativ guter Verfassung und erzählte, er habe gerade einen Film abgedreht. Auf mich wirkte er ausgeglichen und zufrieden. Der täglich gleiche Rhythmus, die vertrauten Personen und mein Besuch schienen ihm gutzutun.

Doch wo blieb ich?

Am ersten Tag des neuen Jahres hatte ich mir die Übertragung des Wiener Neujahrskonzerts im Fernsehen angeschaut, eine Tradition, die Harald und ich gemeinsam seit eh und je gepflegt hatten. Allein auf dem Sofa, kam ich mir unendlich verloren vor. Ich erinnerte mich, wie er an meiner Seite saß … Gefühle sind manchmal nicht in Worte zu fassen.

Meine Liebe zu Harald war tief verwurzelt. Eines Tages würde er nicht mehr sein, aber ich bemühte mich, den Gedanken daran aus meinem Kopf zu verbannen.

Manchmal konnte er nachts nicht schlafen, und als ich ihn das nächste Mal besuchte, saß er im Sessel, die Augen geschlossen und in seiner Welt versunken. Ich redete leise auf ihn ein, streichelte seine Hände, und er schlug kurz die Augen auf. Jedes Mal war es wie ein Geschenk, wenn er mich erkannte und sein Gesicht strahlte.

Ich reichte ihm Clementinenscheibchen, Pralinen, und er genoss mit geschlossenen Augen. Ich war froh, dass er wieder etwas zugenommen hatte.

Nachmittags ging ich mit ihm spazieren. Er hakte sich unter, und wir marschierten zum Spaß. Ich zwickte ihn leicht oberhalb des Knies, und er lachte lauthals. Später aßen wir zusammen, Lachs auf Toast, und Harald schmauste mit großem Appetit. Es waren glückliche Stunden, in denen er sich trotz seiner Krankheit wohlfühlte und das, was ihm vom Leben geblieben war, genießen konnte. Momente, von denen ich zehren durfte.

Dennoch war jeder Besuch von Ungewissheit gezeichnet. Der erste Eindruck, den ich jeweils von Harald gewann, sagte meist alles über seine Tagesverfassung aus. Häufig döste er vor sich hin und war kaum ansprechbar. Er wirkte erschöpft, und ich erfuhr, er war nachts umhergetigert, hatte Texte repetiert, wieder nicht schlafen können. Zu Hause hätte ich diese wechselnden Zustände allein nicht mehr bewältigen können, aus Angst, er könne stürzen und sich verletzen.

Ich versuchte ihn immer wieder zu motivieren, bis ich eine Reaktion von ihm bekam. Ich streichelte ihn, machte Scherze oder nannte ihn Opi, und dann lachte er. Unvermittelt packte ihn jedoch wieder die Unruhe, er sprang auf und dachte, er würde gleich zum Dreh abgeholt.

»Heute ist Sonntag, und es wird nicht gedreht«, sagte ich möglichst gelassen und hoffte, dass er sich damit zufriedengab.

Oft gestaltete es sich wie eine Gratwanderung, Harald zu beruhigen. Wenn er nicht schlief und sich aufregte, schnellte sein Blutdruck in die Höhe. Dann half nur Gelassenheit.

Der ungeheure Druck, unter dem ich stand, machte sich urplötzlich bemerkbar, trieb mich in Panikattacken, und ich fühlte mich erstarrt in der Angst und Sorge um meinen Mann. Dieses Gefühl drohte mich auszubrennen.

Eine Freundin hatte mir ein Buch von Verena Kast geschenkt, *Wir sind immer unterwegs. Gedanken zur Individuation,* und die Lektüre wurde mir in jenen Wochen zur Lebenshilfe. Die Definition von »Individuation« wirkte auf mich, als wäre sie geradezu auf mich gemünzt:

*Individuation – Prozess der Selbstwerdung des Menschen,*
*in dessen Verlauf sich das Bewusstsein der eigenen*
*Individualität bzw. der Unterschiedenheit von anderen zu-*
*nehmend verfestigt.*

Harald und ich waren immer eng verbunden gewesen. Ich wusste, ich musste mich ein Stück weit lösen, um rationell mit der Situation umgehen zu können. Doch dann wieder belohnte er mich mit einem verschmitzten Lächeln. An solchen Tagen war es besonders schwer, sich jede Hoffnung auf Besserung zu verbieten oder schon gar emotional Abstand zu nehmen.

Immer wieder aufs Neue drückte mich die Depression nieder, und die permanente Anspannung bescherte mir starke Schmerzen im Rücken, in den Schultern und Armen.

Das Buchprojekt nahm nach und nach Gestalt an. Im Herbst schon sollte es erscheinen. Es bereitete mir Kopfzerbrechen, mich an all die Details von Haralds Krankheit zu erinnern, einzutauchen in die Zeit vor seiner Demenz. Ich wusste, es war müßig, sich mit Dingen zu quälen, die längst der Vergangenheit angehörten, und doch schmerzten und belasteten mich gewisse Erinnerungen.

Um mich auf das Schreiben zu konzentrieren und ungestört arbeiten zu können, flog ich nach Mallorca. Drei Wochen lang konnte ich Harald nicht sehen. Als ich ihn nach meiner Rückkehr besuchte, berichtete mir die Pflegerin, er habe meine Abwesenheit gar nicht mitbekommen.

An Ostern besuchte ich Harald gemeinsam mit Oliver. Wir hatten seinen großen Steiff-Hasen mitgebracht und streichelten Harald mit den weichen Pfoten. Als er die Augen aufschlug, lächelte er uns an, doch er sprach so leise, dass wir ihn nicht verstanden.

Während Harald mehr und mehr in seiner Welt versank, blühte die Natur auf. Auch das Entenpaar, das uns seit Jahren um diese Zeit besuchte, war wieder da. Der Erpel zeigte sich penetrant wie immer und verteidigte sein Revier mit lautem Geschnatter. Harald war jedes Jahr aufs Neue entzückt gewesen, wenn die Enten sich wieder bei uns im Garten einnisteten. In einem Jahr hatten sie zehn Küken ausgebrütet, und ich erinnerte mich daran, wie wir zusammen am Fenster gestanden und uns gefreut hatten.

An einem milden Frühlingstag gingen wir lange im Garten des Katharinenhofs spazieren. Die Nähe tat uns beiden wohl, und mit etwas Fantasie war es ein wenig wie früher, in unserem Garten. Plötzlich fragte er mich, was denn meine Liebe mache. Spürte ich einen Stich? Ich weiß es nicht mehr.

»Meine Liebe geht neben mir, untergehakt«, gab ich zur Antwort. Ein Lächeln überzog sein Gesicht, und das war es, was zählte.

In den folgenden Wochen wurde Harald immer rastloser. Bei meinem Besuch Anfang Mai stand er mitten im Wohnraum und starrte mich mit großen Augen an.

»Komm, wir gehen«, sagte er zu mir. Ich folgte ihm in sein Zimmer, schenkte ihm einen Saft ein, doch er wollte nach draußen. Also zog ich ihm die Schuhe an, und wir machten uns auf den Weg in den Garten. Irgendwie gefiel er mir nicht. Krampfhaft hielt er sich am Geländer fest, während er sich die Treppe hinuntermühte. Im Garten angekommen, redete er ohne Unterlass, und ich hatte Mühe, ihm gedanklich zu folgen.

»Wie finden wir den Flugplatz?«, wollte er wissen.

Unter allen Umständen musste ich vermeiden, dass er sich aufregte. Um ihn abzulenken, fragte ich nach dem Theaterstück, das er gerade spielte, wusste ich doch, dass er die meiste Zeit glaubte, auftreten zu müssen.

»*Die Silberschnur*«, sagte er.

In dem Stück war er 1957 zusammen mit Antje Weisgerber, Käthe Dorsch und Werner Bruhns im Renaissance-Theater aufgetreten, doch er konnte sich partout nicht an seine Partner oder den Regisseur erinnern. Ich gab nicht auf, erzählte weiter von unserer Familie, und auf einmal sagte Harald: »Wann kommt denn mein Söhni?« Hatte er Oliver vielleicht erwartet und vermisste ihn in diesem Moment?

Nach drei Stunden war Harald völlig erschöpft. Ich führte ihn zurück ins Gebäude, und er hatte große Mühe, seine Füße zu koordinieren. Im Zimmer angekommen, setzte er sich hin und schlief sofort im Sessel ein. Später schleppte er sich mit halb geschlossenen Augen zum Esstisch. Ich musste ihn füttern, Spargel mit Schinken hatte ich mitgebracht. Es muss ihm geschmeckt haben, denn er aß alles auf. Als ich ihm »Nachti« sagte und mich verabschiedete, realisierte er es nicht mehr.

Auf dem Heimweg war ich voller Sorge. Ich hatte das Gefühl, dass sich Haralds Zustand wieder verschlechtert hatte. Es war so schmerzlich, mit anzusehen, wie Harald geistig und körperlich abbaute. Wer ist schon tapfer genug, wenn das Leid den eigenen Mann oder einen Elternteil betrifft?!

Am Muttertag wartete die *Bild am Sonntag* mit einer Schlagzeile auf: »Kranker Juhnke. Ehefrau enthüllt alles«. Die Ankündigung meiner Biografie schlug erste Wellen. Immer wieder hatte ich mich gefragt, ob es die richtige Entscheidung war, ein solches Buch zu schreiben. Zuweilen überkamen mich Zweifel. Durfte ich all das preisgeben? Wollten die Menschen die Wahrheit über Haralds Krankheit wirklich wissen? War ich zu ehrlich? Würden mir die Leser überhaupt glauben?

Doch ich war kein Einzelschicksal. All jene, die einen Alkoholkranken oder einen dementen Menschen auf diesem langen Abschiedsweg begleiten, würden sich in meinen Schilderungen wiedererkennen und verbunden fühlen. Aus Verbundenheit erwächst Stärke – und die braucht man, um die Bürde als Angehöriger tragen zu können.

Ich saß mit Oliver und meiner Mutter beim Spargelessen und war überrascht, wie vehement meine Mutter angesichts der *BamS*-Schlagzeile für mich einstand. Ihrer Ansicht nach war es nur richtig, dass ich all das, was ich mit Harald durchlebt hatte, niedergeschrieben hatte und der Wahrheit gerecht wurde. Mami hatte immer hinter mir gestanden und mir den Rücken gestärkt. Wusste sie doch als Einzige, was ich durchgemacht hatte und noch immer durchmachte.

Tags darauf hatten mehrere Zeitungen das Thema

aufgegriffen. Ich versuchte, die Pressemeldungen auszublenden und mich auf Wichtigeres zu konzentrieren. Auch wenn ich befürchten musste, dass noch einiges auf mich zukommen würde.

Jedes Mal, wenn ich wieder zu Harald fuhr, war ich voller Sorge, dass sein Verfall einen weiteren Schub gemacht haben könnte. An einem Sonntag begleitete mein Bruder mich und Oliver, und ich sah Haralds Gesichtsausdruck an, dass er ihn nicht erkannte. Ich ließ mir nichts anmerken. Nach einer Weile überraschte Harald uns doch noch und nannte meinen Bruder beim Namen.

Glücklich hakte ich ihn unter, und wir spazierten mit ihm durch den Garten. Plötzlich hielt er inne und sah mich liebevoll an. Dann flüsterte er mir ins Ohr:

»Ich liebe dich!«

Ein Moment des Glücks, den ich tief in mir bewahre.

Doch es war nur ein kurzes Erinnern gewesen. Immer öfter wichen die lichten Momente in den folgenden Wochen Haralds Unruhe, die mich nervlich aufrieb. Ende Mai fuhr ich allein zu ihm. Es war ein ungewöhnlich heißer Tag. Ausnahmsweise nahm ich den Aufzug. Als sich die Fahrstuhltür öffnete, schoss jemand förmlich an mir vorbei. Erst auf den zweiten Blick sah ich, dass es Harald war. Mit kurzen, hastigen Schritten tigerte er den Gang entlang. Ich rief ihn, hielt ihn auf. Erstaunt sah er mich an, dann, endlich, erkannte er mich. Er schien in großer Eile zu sein.

»Wo musst du denn hin?«, fragte ich ihn.

Wie ich vermutet hatte, stand er unter dem Eindruck, schnell ins Theater zu müssen. Ich hatte große Mühe, ihn in sein Zimmer zu lotsen. Links und rechts trug ich schwere Tüten, denn ich hatte einiges für Harald mitgebracht. Als er sah, wie ich mich damit abmühte, half er mir und trug die Tüten in sein Zimmer. Ich hoffte, er würde sich in den Sessel setzen, damit ich in Ruhe auspacken konnte. Doch er war gehetzt und machte sich wieder auf seinen Weg durch den Flur, auf und ab, wie ein gefangenes Raubtier. Mir blieb nichts anderes übrig, als ihm hinterherzurennen. Gemeinsam machten wir uns auf den Weg in den Garten. Vielleicht würde er dort zur Ruhe kommen, hoffte ich.

Hitze schlug uns entgegen. Wir suchten eine Bank im Schatten, doch Harald hielt es nicht lange aus. Er sprang auf, lief zurück zum Haus und weiter zur Treppe. Dann, nach fünf Stufen, ging gar nichts mehr. Er umklammerte das Geländer, nicht fähig, einen weiteren Schritt zu tun. Seine Motorik versagte. Ein Albtraum! Ich rief um Hilfe. Zum Glück kamen rasch Helfer herbei. Eine Pflegerin kontrollierte seinen Puls und gab ihm dann ein Glas Wasser zu trinken. Mit vereinten Kräften führten wir ihn in sein Zimmer hinauf und brachten ihn ins Bett. Harald war nur bedingt ansprechbar. Nach einer Weile schlief er vor Erschöpfung ein. Ich blieb an seiner Seite. Wenn ich doch nur wüsste, was in ihm vorgeht, und sicher sein könnte, dass er nicht leidet! Beunruhigt fuhr ich nach Hause.

Lange dachte ich über Harald nach. Wie viel Stärke musste ich aufbringen, um mir jedes Mal zu sagen: Das ist der Krankheitsverlauf.

Zu Haralds Geburtstag am 10. Juni besorgten wir Weiß-
würste, Leberkäse und Laugenbrezeln. Seit der Nacht
schon warteten zwei Wagen mit Paparazzi eine Straße
weiter, doch Oliver und mir gelang es, sie abzuhängen.
Als wir mit Blumen und der Geburtstagstorte im Katharinenhof ankamen, sangen wir für Harald lauthals
»Happy Birthday«. Er strahlte über das ganze Gesicht,
ganz so wie früher. Ich deckte die Kaffeetafel, und wir
feierten mit der gesamten Wohngruppe Geburtstag.
Alle bemerkten, dass es ein besonderer Tag sein musste.

Später, zum Abendbrot, ließ Harald sich die baye-
rischen Schmankerln schmecken. Ich hatte versucht,
den Tag so schön wie nur möglich zu feiern, und Harald wirkte am Abend erschöpft, aber glücklich. Wie
viele solcher Geburtstage uns wohl noch vergönnt sein
würden?

So schwer und so weit ein Weg auch ist, man geht ihn
Schritt für Schritt. Die Hoffnung, dass wir dem Schicksal vielleicht doch noch etwas Zeit abringen könnten,
verließ mich immer mehr.

Harald baute in den folgenden Wochen extrem ab.
Auch sein Gesichtsausdruck veränderte sich. Doch noch
immer erkannte er mich. Daran hielt ich mich fest.

Auch seinen Mitbewohnern erging es kaum anders.
Über allem lag eine solche Tristesse, und ich konnte
mich nur damit trösten, dass Harald es nicht realisierte.

Immer wieder sprach er vom Theater oder vom Film.
Ganz deutlich erwähnte er den Namen Marlon Brando,
dem er in mehreren Filmen seine Stimme geliehen hatte.

»Ich muss nur noch eine Szene drehen«, sagte er in

den Raum hinein. In solchen Momenten nahm er seine wirkliche Umgebung längst nicht mehr wahr. Es war so traurig zu erleben, wie sich sein Zustand weiter verschlechterte. Wenigstens hatte er noch Appetit. Ich versuchte mich damit zu trösten und vermied den Gedanken daran, welche Einschränkungen als Nächstes auf Harald zukommen würden.

Im September erschien mein Buch *In guten und in schlechten Tagen*. Einige Pressemeldungen und Kommentare glichen einer Verurteilung und kamen einem Shitstorm nahe. Einschlägige Blätter, die zuvor noch beinahe genüsslich von Haralds geistigem Verfall berichtet und dabei sogar das Wort »Schwachsinn« vermeldet hatten, warfen mir nun vor, Harald die Würde zu rauben und das Andenken an ihn zu zerstören. Nichts lag mir ferner als das. Die Alkoholkrankheit war die dunkle Seite seines Lebens gewesen, und die Demenz bestimmte unsere Gegenwart. Auch wenn ich versuchte, alles Negative auszublenden und in mir das Andenken an die guten Zeiten zu bewahren – die Realität seit seinem letzten Absturz gehörte zu Haralds Leben dazu.

Ohne es zu ahnen, hatte ich mit dem Buch in ein Wespennest gestochen. Vielleicht hatte ich unterschätzt, dass es in jener Zeit weitestgehend tabuisiert war, über Demenz zu sprechen. Inzwischen ist die Debatte darüber zu einem wichtigen Thema geworden, das öffentlich diskutiert und viel sensibler behandelt wird.

Auch im Bekanntenkreis gab es einige Fälle von Demenz. Doch je weiter die Krankheit voranschritt, umso mehr wurde darüber geschwiegen. Irgendwann erfuhr man dann, dass der Vater oder die Mutter an den Folgen der Demenz verstorben war.

Harald hatte in der Öffentlichkeit nie einen Hehl aus seiner Krankheit gemacht, und ganz gewiss hätte er nicht gewollt, dass man mich dafür verunglimpfte.

Inzwischen wird die Demenz als Volkskrankheit des Alters bezeichnet. Wenn Experten in Medizinforen und Dokumentationen darüber diskutieren oder Angehörige von Betroffenen in Talkshows zu Wort kommen, finde ich mich in ihren Schilderungen des Alltags wieder. Trotz weltweiter wissenschaftlicher Studien ist noch kein Mittel entwickelt worden, welches die Krankheit stagnieren lassen, geschweige denn heilen könnte. Dass die Demenz so gut wie jeden von uns im Alter treffen kann, ist eine Prognose, die Angst einflößt und das Fürchten lehrt; schließlich möchte niemand den Verlust jeglicher Selbstkontrolle erleben und so elendig sein Dasein fristen.

Nur durch umfassende Aufklärung unserer Gesellschaft lässt sich erreichen, dass diese Krankheit von dem Stigma großer Peinlichkeit oder Würdelosigkeit befreit wird. Betroffene wie auch pflegende Angehörige brauchen professionelle Unterstützung und Beratung.

Ich empfand keine Scham für Harald. Er war krank – es hatte weder mit Peinlichkeit noch mit Würdelosigkeit etwas zu tun. Vielmehr hoffte ich damals wie heute, mit meinen Erfahrungen Menschen in ähnlicher Lage zu ermutigen.

Die zahlreichen Leserbriefe, die mich nach Erscheinen meiner Biografie erreichten, schenkten mir Zuspruch, bestätigten und stärkten mich zugleich. Fremde Menschen vertrauten mir ihre eigenen Lebensgeschichten an, weil sie sich in meinen Schilderungen wiederfanden. Die ungeahnte Anteilnahme berührte mich zutiefst. Es war mir ein Anliegen, Menschen mit ähnlichen Problemen vor Augen zu führen, wohin die Alkoholabhängigkeit führen kann. Sie dankten mir, dass ich Haralds Erkrankung so offen thematisiert hatte.

Mit Haralds letztem Exzess stand die Welt für uns still. Die Folgen stellten alles bisher Dagewesene in den Schatten. Es war ein nahtloser Übergang in die Welt des Vergessens, die ihn unwiderruflich gefangen hielt.

Ich bewunderte Harald dennoch, wie er zeitlebens gekämpft hatte, um die Sucht immer wieder in den Griff zu bekommen, bis die Demenz ihn in Besitz nahm. Haralds Andenken wird immer gewahrt bleiben – nicht nur wegen seiner schauspielerischen Leistungen, sondern auch weil er sich offen und ehrlich zu seiner Alkoholkrankheit bekannte.

# SECHSTES KAPITEL

## »Hauptsache, man ist gesund« – Das Schicksal nimmt seinen Lauf

*Alles bezwingt die Liebe.*
VERGIL

Der Sommer 2003 bescherte uns eine flirrende Hitzewelle. Ich war froh, dass Harald ausreichend Flüssigkeit zu sich nahm, um der Gefahr der Dehydrierung zu entgehen. Die extremen Temperaturen machten ihm zu schaffen. Doch er schien zufrieden zu sein, und das machte es leichter für mich.

Die Tage zwischen meinen Besuchen im Katharinenhof beschäftigte ich mich ausgiebig im Garten. Am liebsten hätte ich einiges umgestaltet, aber mir fehlte die Muße, denn ich war ständig in Sorge um Harald. Seine guten Phasen täuschten mich nicht darüber hinweg, wie krank er in Wirklichkeit war.

Ende August gefiel er mir gar nicht. Er machte einen

verwirrten Eindruck, und er sprach extrem leise, was auch immer ihn in seinem Innern bewegte. Seine gesamte Motorik wirkte verkrampft.

Wenige Tage nach meinem Besuch klingelte das Telefon, und ich erhielt die nächste Schreckensnachricht. Harald war ins Krankenhaus eingeliefert worden. Er war aus dem Bett gefallen und hatte sich das linke Schlüsselbein gebrochen.

Ich fühlte mich wie gelähmt. Monatelang hatte ich in der Angst gelebt, er könne zu Hause stürzen und sich verletzen. Nun war es passiert, und niemand hatte ihn davor bewahren können. Gegen das unaufhaltsame Fortschreiten der Krankheit waren wir alle machtlos – die Ärzte, die Pfleger, Oliver und ich. Für einen Moment hätte ich am liebsten die Augen vor allem verschlossen, denn ich ertrug es nicht, dem Unglück hilflos zusehen zu müssen. Mit der Heimleitung wurde eindringlich besprochen, dass ich als offizielle Betreuerin beim zuständigen Amtsgericht zur Vorsichtsmaßnahme ein Schutzgitter für das Bett beantragen sollte. Bis dem Ersuchen stattgegeben wurde, legte man vorsorglich eine Matratze vor Haralds Bett.

Trotz seines Schulterverbands wirkte er nicht allzu stark behindert. Zum Glück hielten sich die Schmerzen in Grenzen. Er lächelte mich verschmitzt an. Noch immer konnte er einen Funken seines gewohnten Witzes versprühen und sagte aus heiterem Himmel: »Hauptsache, man ist gesund, und die Frau hat Arbeit.« Damit brachte er mich herzhaft zum Lachen.

Zur gleichen Zeit bedrückte mich der Zustand meiner Mutter. Sie war körperlich so schwach und zerbrechlich geworden, dass sie es kaum schaffte, die Wohnung zu verlassen – auch wenn sie es mir gegenüber nicht zugeben wollte.

Seit Monaten war ich für sie einkaufen gegangen und hatte für sie mitgekocht.

Manchmal fragte Harald:»Wie geht es Mama?« Ich brachte es nicht über mich, mit ihm darüber zu reden, schließlich hatte er immer ein herzliches Verhältnis zu meiner Mutter gehabt. Warum sollte ich ihn zusätzlich mit diesen Sorgen traurig machen?

Ein gewisses Maß an Kummer ist zu verkraften; wird dieses Maß überschritten, kann man daran zerbrechen. Das Leben musste weitergehen, wie auch immer.

Als hätte er gespürt, dass ich Aufmunterung brauchte, sagte Harald bei meinem nächsten Besuch ganz deutlich, während er mich ansah:»Ich liebe dich.« Ich weinte vor Rührung und auch vor Verzweiflung.

Augenblicke wie dieser haben mir unendlich viel bedeutet und mich gestärkt. Zu meinem Leidwesen aber verschlechterte sich Haralds Zustand langsam, doch unübersehbar. Jedes Mal war ich unsicher, was mich erwarten würde, wenn ich zu ihm fuhr. An manchen Tagen war ich froh, wenn Oliver oder eine Freundin mich begleiteten. Menschen, die ihn länger nicht gesehen hatten, waren bei seinem Anblick erschüttert. Für mich war die schleichende Verschlechterung seines Zustands zur traurigen Tatsache geworden. Aber die Unberechenbarkeit zehrte an meinen Nerven. Wenn ich allein zu Hause war, hielt ich manchmal inne und dachte über mein Leben nach. Nur eigene Erfahrungen prägen.

Im November schrieb ich in mein Tagebuch:

*Ich habe so viele menschliche Erfahrungen gemacht. Ich
habe keine Kraft mehr, in diesem Leben noch etwas zu
bewirken. Für wen sollte oder müsste ich mich in diesem
Leben noch aufopfern? Was kann ich noch geben?
Von wem sollte ich nehmen, ohne zu geben?
Ich bin auf der Suche nach einem Sinn. Es fällt mir
schwer, dabei nur an mich zu denken. Ich fühle mich so
leer, weil mir niemand sagt, dass alles, was ich tue,
einen Sinn hat. Ich kämpfe scheinbar nur noch gegen
Windmühlen an.*

Mein Buch war auf der Bestsellerliste und löste etliche
Kontroversen aus. Immer wieder empörten sich Leute,
ich hätte Haralds Andenken bewahren müssen. Doch
Harald war nicht tot! Er lebte, in seiner eigenen Welt.
Es war das Schicksal, das seinen Weg lenkte.

Wie viele Menschen ereilt das gleiche Schicksal? Man
redet von 1,5 Millionen Demenzkranken allein in Deutschland. Jahr für Jahr kommen Zehntausende hinzu. Eine
Zahl, die unfassbar klingt. Demenz ist nach Krebs die
am meisten gefürchtete Krankheit. Jeder Zweite hat die
Befürchtung, an Demenz zu erkranken und zum Pflegefall zu werden. Den geliebten Menschen an das Vergessen zu verlieren kann nur jemand nachvollziehen, der
es selbst miterlebt. Niemals im Leben hatte ich mir vorstellen können, so hautnah mit der Krankheit Demenz
konfrontiert zu werden. Und doch war ich nur eine von
vielen Angehörigen.

Als die Tage spürbar kürzer wurden, überkamen mich
immer wieder düstere Gedanken angesichts unserer

desolaten Situation. Ich erinnere mich an einen Besuch Mitte November. Harald saß am Tisch und döste vor sich hin. Es dauerte, bis es mir gelang, ihn munter zu machen. Als er schließlich ansprechbar war, reichte ich ihm Weintrauben. Sichtlich fühlte er sich genervt und wollte seine Ruhe haben. Selbst das Abendbrot verweigerte er, indem er die Lippen fest zusammenpresste. Verzweifelt fragte ich mich, ob Harald nur müde war, oder ob es sich um einen weiteren Schub handelte. Es ließ sich nicht leugnen, dass es körperlich und geistig bergab ging. Wie lange musste er sich noch quälen und dieses unwürdige Leben ertragen?

Eines Morgens wachte ich auf und verspürte ein Gefühl von Unruhe. Gegen 15 Uhr rief mich die Leitung des Pflegeheims an. Harald war ins Rüdersdorfer Krankenhaus eingeliefert worden, nachdem er sich nicht mehr hatte aufrecht halten können.

Panik stieg in mir auf, dann brachte ich mich wieder unter Kontrolle. Oliver und ich fuhren sofort zu ihm. Harald lag ruhig im Bett und war an einen Infusionstropf angeschlossen. Nur hin und wieder öffnete er die Augen, doch er schien uns nicht wahrzunehmen. Die Ärzte konnten uns trotz EEG und MRT noch keine verlässliche Diagnose geben.

Ich entschloss mich, im Krankenhaus zu übernachten. Harald wirkte so fragil auf mich. Ich wollte dabei sein, wenn er zu sich kam, und ich wollte wissen, was die Untersuchungen ergaben.

Ich war mit ihm allein im Krankenzimmer, als er aufwachte. Ich gab ihm etwas zu trinken und ein wenig

Obst und staunte nicht schlecht, wie er eine Banane und eine Handvoll Weintrauben verputzte, wenn auch mit geschlossenen Augen. Ich war erleichtert und wertete dies als positives Zeichen.

Und dennoch konnte ich nicht mit Bestimmtheit sagen, ob Harald meine Anwesenheit mitbekam. Hätte ihm auch jemand anderes die Weintrauben in den Mund stecken können? Hatte er meine Stimme und meine Streicheleinheiten wahrgenommen? Etwas war anders als sonst.

Die Schwestern waren froh, dass ich zugegen war. Sie wirkten unsicher im Umgang mit ihm und fragten mich immer wieder um Rat. Was konnte ich mehr für ihn tun, als ihm das Gefühl zu vermitteln, bei ihm zu sein? Andererseits kostete es mich immer wieder Kraft. Ich hätte es nicht ertragen, Tag und Nacht an seiner Seite zu sein und zuzusehen, wie er stetig seinem Ende entgegenvegetierte. Ich liebte ihn, daher nahm ich mir alles so zu Herzen. Mir fehlte die Distanz, die Krankenschwestern zu eigen ist und sie befähigt, Tag für Tag auf die Patienten mit all ihren Bedürfnissen einzugehen.

Die Nacht im Krankenhaus stimmte mich alles andere als zuversichtlich. Hätte ich mir weniger Gedanken gemacht, wenn ich nach Hause gefahren wäre? Im Stillen hoffte ich, dass Harald in einem klaren Moment spürte, dass ich bei ihm war. Ich merkte, dass meine Streicheleinheiten ihn nach und nach entspannten, und er dankte es mir mit einem zaghaften Lächeln.

Ich war froh, bei ihm zu sein, auch wenn es mich unendlich verzweifelt machte, seinen erbärmlichen Zustand so bewusst mitzuerleben. Zwischendurch reichte ich ihm immer wieder den Schnabelbecher, damit er genug trank. Später am Abend bemerkte ich, dass sich seine Hände heiß anfühlten. Ich rief die Nachtschwester, die seine Temperatur maß: 38,9 Grad. Was war nur der Grund für das Fieber?

Harald bekam ein Fieberzäpfchen. Ich löschte das Licht und hoffte, dass er Ruhe fand. Hin und wieder sank er in den Schlaf, unterbrochen von Phasen, in denen er laut und unverständlich vor sich hinredete. Es war grausam. Immer wieder nahm ich krampfartige Zuckungen bei ihm wahr. Ich strich über seinen Körper – und spürte, dass er ganz nass geschwitzt war.

Mithilfe der Nachtschwester wechselte ich sein Hemd. Mein Blick fiel auf die Uhr. Es war 4 Uhr morgens. Irgendwann fiel auch ich vor Erschöpfung in den Schlaf und wachte erst auf, als die Frühschicht ihren Dienst antrat.

Harald reagierte an diesem Morgen fast normal, unauffällig und ließ alle medizinischen Maßnahmen geduldig über sich ergehen. Ich hatte Befürchtungen, dass er einen Schlaganfall erlitten haben könnte. Im Gespräch mit dem Arzt erfuhr ich, dass die Realität des Krankheitsverlaufs viel schwerwiegender war: Haralds vorgeschädigte Hirnzellen starben immer weiter ab.

Harald erhielt Psychopharmaka und Neuroleptika. Doch keine Wirkung ohne Nebenwirkungen, die sich auffällig bemerkbar machten.

Die Ärzte waren der Ansicht, es sei besser für Harald, ihn möglichst bald wieder in seine gewohnte Umgebung zu entlassen, auch wenn er vorläufig noch zu geschwächt war, um selbstständig laufen zu können. Muss er jetzt in den Rollstuhl?, fragte ich mich.

Ich stand am Rande eines Zusammenbruchs. Wer oder was konnte mir helfen?

In meinem Tagebuch notierte ich:

*Ich will es bis zum Ende durchstehen, obwohl ich mich fast schon selbst aufgegeben habe.*

Angesichts des Leids, das Harald durchmachte, konnte ich dem Leben nichts Lebenswertes mehr abgewinnen. Wie viele Stadien seiner Krankheit hatte ich mit ihm durchlebt! Ich wollte mir nicht vorstellen, was noch alles auf uns zukommen würde. Ich konnte nur meinem eigenen Gott vertrauen. Doch der erwies sich nicht als gnädig.

Im Katharinenhof wurde ein Rollstuhl bereitgestellt, bis Harald wieder zu Kräften kam.

Zusammen mit meiner Freundin Carin fuhr ich tags darauf zu Harald. Er lag teilnahmslos im Bett. Die Pflegerin erzählte mir, dass er Schwierigkeiten mit der Nahrungsaufnahme habe. Ich setzte mich an sein Bett und streichelte ihn, bis er wach wurde. Wir halfen ihm, sich aufzurichten, und zogen ihm eine Strickjacke an. Mit vereinten Kräften setzten wir ihn in den Rollstuhl, um gemeinsam am Tisch zu sitzen. Ich fütterte ihn mit Bananen und Erdbeeren, und er schaffte eine ganze Schale. Ich wunderte mich nicht, dass es den Pflegerinnen weniger gut gelang, ihn zum Essen zu bewegen. Es herrschte wie überall ein Mangel an Zeit, auf jeden Einzelnen mit viel Geduld einzugehen.

Harald hatte langsam mitbekommen, dass ich da war. Auch Carins Stimme muss ihm vertraut vorgekommen sein, seinem Gesichtsausdruck nach zu schließen. Er wollte uns so viel erzählen, doch irgendwie hatte er Probleme, sich zu artikulieren. Er gab jedoch nicht auf. Nach und nach wurden seine Worte verständlicher. Mir kam es ganz so vor, dass er Ansprache brauchte, um sich ausdrücken zu können.

Ein Trauerspiel, mit ansehen zu müssen, wie sich sein Zustand binnen Wochen verschlechtert hatte. Ich hoffte so sehr, dass es doch wieder eine Besserung geben würde, eine kleine wenigstens, dass er wieder laufen konnte und nicht bettlägerig wurde.

Harald bekam eine Dekubitusmatratze, um dem Wundliegen vorzubeugen. In mir breitete sich eine tiefe Verzweiflung aus. Ich war Zeuge, wie mein geliebter Mann von seiner Krankheit Zug um Zug regelrecht demontiert wurde.

Es gibt Phasen des Kummers, in denen man aufbegehrt, dem Schicksal zu entrinnen versucht. Diese Phase lag hinter mir. Ich hatte mich festgeklammert an einem Leuchten in seinen Augen, wenigen klaren Sätzen, die er sprach, einem zärtlichen Blick. Als mir auch das noch zu entgleiten drohte, kam ich an einen Punkt, an dem mich alle Kraft verließ.

Ich spürte, wie mir jegliche Gelassenheit abhandenkam. Ich musste irgendetwas tun, um mich aus dem Hamsterrad zu befreien. Nur was?

Als ich Tage darauf mit Oliver zu Harald fuhr, sah ich,

dass sich meine Befürchtung bewahrheitet hatte. Harald lag in seinem Bett und schlief. Seine Atmung war unregelmäßig. Mich beschlich eine unbändige Angst.

Harald hatte neue Medikamente verordnet bekommen, die seinen Zustand stabilisieren sollten. Doch wie es schien, gab es keine Wundermedizin. Die Pflegerin versuchte mich zu beruhigen und sagte, er sei tags zuvor viel besser drauf gewesen und habe mit am Tisch gesessen. Doch ich glaubte nur, was ich sah, und das bedrückte mich zutiefst.

Am 30. November war Harald auf den Tag genau zwei Jahre im Katharinenhof. Immer häufiger überkamen mich tiefe Depressionen. Warum muss Leid so unendlich lange dauern?, fragte ich mich.

Haralds Zustand zeigte keinerlei Verbesserung. Auch die Medikation hatte nicht die erwünschte Wirkung. Ich fragte die zuständige Neurologin, was geschehen würde, wenn man sie wegließe. Sie gab mir zu verstehen, dass Harald zusehends versteifen würde. Keine Aussicht auf Besserung – bitter, aber wahr.

In der Adventszeit zündete ich immer eine Duftkerze an und legte Weihnachtsmusik auf. Eine friedvolle Stimmung kehrte ein. Eine liebe Freundin, die mich begleitet hatte, war so geschockt von Haralds Zustand, dass sie meinte, man könne ihm nur wünschen, bald erlöst zu werden. Ein frommer Wunsch …

Die lichten Momente wurden immer seltener. Es war zum Verzweifeln. Wenn ich Harald etwas erzählte, reagierte er kaum, auch nicht auf meine Anwesenheit. Er schien total in seiner Welt versunken, in die ich ihm nicht folgen konnte.

Harald hatte stets gesagt, wenn er nicht mehr in der Lage sei, Theater zu spielen, wolle er nicht mehr leben. In all den Monaten zuvor war er überzeugt gewesen, noch mitten in seinem Berufsleben zu stehen. Die Schauspielerei war sein Lebensinhalt gewesen, und so war es nicht abwegig, dass seine Erinnerungen sich nur um das Theater drehten. Fühlte er vielleicht, dass er dazu nicht mehr imstande war? Hatte er ein Bewusstsein dafür, nicht mehr der Sprache mächtig zu sein, um Gefühle zu äußern? Lauter Fragen, die mich zermarterten und auf die es keine Antwort gab.

Meine Gefühle für Harald fuhren permanent Achterbahn mit mir. Schon das Läuten des Telefons ließ mich zusammenschrecken.

Aus ungeklärter Ursache bekam Harald Mitte Dezember hohes Fieber; dank Antibiotika stabilisierte sich sein Zustand. Ich brauchte Abstand und fuhr ein Wochenende nach Paris, um dringend benötigte neue Kraft zu schöpfen. Doch die Besorgnis war mein ständiger Begleiter.

Als Weihnachten näher rückte, wurde klar, dass wir Harald für das Fest nicht nach Hause würden holen können. Allein schon die lange Fahrt wäre eine Belastung gewesen. Wir beschlossen, Heiligabend mit Harald im Katharinenhof zu verbringen.

Die Presse leistete bereits Vorarbeit: »Armer Harald Juhnke – wird er das neue Jahr noch erleben?« Musste man die Situation mit dieser Schlagzeile ausschlachten?

Heiligabend war der Tag, dem ich mit gemischten Gefühlen entgegensah. Ich bemühte mich um Gelassenheit und nahm mir fest vor, nicht zu weinen. Mit dem Pkw eines Freundes holte mich Oliver ab, und so gelangten wir unbemerkt direkt auf den Parkplatz des Katharinenhofs. Auch waren an diesem Tag zahlreiche Menschen unterwegs zur Kirche, sodass wir unerkannt ins Gebäude kamen.

Die Weihnachtsfeier fand im großen Gemeinschaftsraum mit einem wunderschön geschmückten Tannenbaum statt. Ich hatte eine große Weihnachtstorte für alle mitgebracht, die offensichtlich nach Haralds Geschmack war. Im Hintergrund hörte man Weihnachtsmusik – »Alle Jahre wieder …«

Als ich mich im Raum umsah, fragte ich mich, wie viele der Bewohner wohl noch realisierten, dass Weihnachten war. Ich vermutete, dass die meisten von ihnen eher gestresst waren von dem ungewohnten Trubel. Sie konnten nicht einordnen, was an diesem Tag so besonders war. Es herrschte eine latente Unruhe. Wie auch immer, man wollte den Heiligen Abend traditionell mit den Angehörigen gemeinsam zelebrieren.

Nach einer Weile zogen wir uns mit Harald in sein Zimmer zurück, denn wir hatten noch eine kleine Weihnachtsüberraschung für ihn mitgebracht. Ein Freund von Oliver hatte, wie jedes Jahr, eine Dose persischen Kaviar und Blinis besorgt. Seit ich denken kann, war diese Delikatesse Haralds Lieblingsspeise. Mit Freude beobachteten wir, wie Harald seinen Kaviar genüsslich schmauste, wie eh und je. Es war schließlich Weihnach-

Verliebt, verlobt, verheiratet:
Hochzeit am 8. April 1971

Drei sind eine Familie:
Am 20. September 1972 wird
Oliver geboren. *Unten rechts:*
Oliver, mein »Walker« (2015)

Auf dem Empfang nach der ersten Sendung
von *Musik ist Trumpf* (März 1979)

Kurzurlaub an der Côte d'Azur
in den 80er Jahren (oben);
Haralds 70. Geburtstag 1999 (unten)

Mein Liliom« auf der Bühne im Hansa Theater (1970)

Szenenfoto aus der Fallada-Verfilmung
*Der Trinker* (1995); *unten:* der Sänger
und Entertainer (Ende der 80er Jahre)

Im April 1993: Harald an seinem Lieblingsplatz in Berlin, auf den Stufen des Konzerthauses am Gendarmenmarkt

Mieze und ich – zwei Schmusekatzen (2015)

ten, das Fest der Liebe … Wir warteten noch, bis Harald erschöpft einschlief.

Auf dem Rückweg holten wir Mami ab. Ich hatte schon alles vorbereitet, um den Heiligen Abend entspannt und besinnlich mit ihr gemeinsam zu verbringen. Die einst so fröhliche Weihnachtsstimmung war von Haralds Krankheit überschattet. Dennoch verlebten wir einen friedvollen Abend vor unserem traumhaft geschmückten Weihnachtsbaum, der die traurige Finsternis überstrahlte.

Bevor Oliver noch zur Mitternachtsmesse mit Freunden in die Grunewaldkirche ging, fuhr er meine Mutter nach Hause. Mit dem Weihnachtsoratorium von Saint-Saëns kehrte auch für mich nach einem langen Tag die Nachtruhe ein.

An meinem Geburtstag am zweiten Weihnachtsfeiertag überraschte mich Oliver. Er hatte ein Dinner mit Familie und Freunden arrangiert, im Dachgeschoss des Hotel Interconti, mit Blick über die erleuchtete Stadt. Es tat so gut, den bedrückenden Alltag für ein paar Stunden hinter mir zu lassen. Es wurde ein heiterer Abend mit aufmunternden Gesprächen, die mich an schöne Zeiten mit Harald erinnerten, als unsere Welt noch intakt gewesen war. Es gibt sie – glückliche Momente, von denen man zehren kann.

Tags darauf besuchte ich Harald gemeinsam mit meiner Schulfreundin Doris. Als wir am Katharinenhof ankamen, entdeckten wir einen Paparazzo, der um einen Baum herumschlich. Wir taten so, als hätten wir ihn nicht gesehen.

Im Wohnraum saßen alle beieinander bei Kaffee und Kuchen. Als Harald fertig gegessen hatte, fuhren wir ihn im Rollstuhl in sein Zimmer, und ich zündete eine Duftkerze an. Harald war in vergleichsweise guter Verfassung, seine Sprachfindung schien sich verbessert zu haben. Er fragte Doris, woher sie komme. »Aus Hamburg«, erwiderte sie. Haralds Kommentar darauf: »In Hamburg gibt es schöne Mädchen!«

Die größte Freude machte er mir, als er mich Munel nannte. Er erkannte mich wieder!

An diesem Tag wirkte er in sich ruhend ... zumindest in dieser einen Stunde, die er wach war. Ich sah den Schalk in seinen Augen aufblitzen, und mit ihm kehrte auch ein Funken Hoffnung zurück. Vielleicht würde Haralds Zustand sich noch weiter verbessern ... Es wäre ihm so zu gönnen!

In der folgenden Nacht schlief ich schlecht und wachte mit düsteren Gedanken auf. Warum dachte ich so oft über den Tod nach?

Rückhalt fand ich bei meinen treuen Freunden, die mir stets zur Seite standen, wann immer ich sie brauchte. Sie kannten mich besser, als ich ahnte. Ich wollte nie darüber sprechen, wie es wirklich in meinem Innersten aussah.

Zum Jahreswechsel besorgte ich für Mami traditionell eine Schale mit Hyazinthen. Sie wirkte noch zerbrechlicher auf mich und war erschreckend dünn geworden. Wir tranken Tee und schwatzten über schöne Begebenheiten, nur nicht über meine Sorgen.

Am Silvesterabend hatten mich Freunde in ein Restaurant eingeladen, um gemeinsam das Jahr ausklingen zu lassen. Um Mitternacht strömten alle nach draußen, um das Feuerwerk zu erleben, doch ich blieb drinnen sitzen.

Später kehrten wir noch in einen Nachtklub ein und tanzten zu Sinatras Songs. Ich tauchte ein in die Musik, die Harald immer so geliebt hatte. Als ich nachts um halb vier allein nach Hause kam, weinte ich mich frei von dem vergangenen Jahr und seiner Bürde.

SIEBTES KAPITEL

## »Ich lebe jetzt ein Leben ohne Alkohol« – Klare Momente

*Hoffnung ist nicht die Überzeugung,*
*dass etwas gut ausgeht, sondern*
*die Gewissheit, dass etwas Sinn hat,*
*egal wie es ausgeht.*

VÁCLAV HAVEL

Ein neues Jahr begann: 2004. Ich hatte mir fest vorgenommen, mein Leben so, wie es war, anzunehmen, ohne Wenn und Aber. Vor allen Dingen sollte ich mir nicht alles so zu Herzen nehmen, was Fremde zu wissen glauben, ohne sich vorstellen zu können, wie die Wirklichkeit aussieht, die Ahnungslosen.

Schon der nächste Tag sollte mein Vorhaben auf den Prüfstand stellen. »Susanne Juhnke feiert wieder«, titelten die Boulevardblätter. »Susanne tanzte bis 3 Uhr ins neue Jahr.« Ein Fotograf hatte ein Foto von mir während der Silvesternacht gemacht, na toll! Wie es in mir aussah, ging niemanden etwas an. Menschen neigen allzu schnell dazu, über andere ein Urteil zu fällen, sind aber aus Unkenntnis nicht in der Lage, sie objektiv zu beurteilen. »Urteile nicht über Dinge, von denen du nur Echo und Schatten kennst«, sagt ein japanisches Sprichwort. Wer es nicht selbst durchgemacht hat, weiß nicht, wie viel Kraft, wie viele Sorgen und Nerven die Demenz den Angehörigen abverlangt, und wie sie sie an den Rand der Verzweiflung bringt.

Dieses Schicksal wurde mir auferlegt. Meine Zukunft lag nicht in den Sternen, sondern in meiner eigenen Hand. Ich musste einen Weg finden, der mich aus der Finsternis befreite, um wieder ein Licht am Ende des Tunnels zu sehen.

Anfang Januar begleitete mich Peter Gerlach, um Harald zu besuchen. Zwei Jahre waren vergangen, seit der ehemalige ZDF-Unterhaltungschef ihn das letzte Mal gesehen hatte. Während der Fahrt zum Katharinenhof hatten wir uns viel zu erzählen.

Bei unserer Ankunft trafen wir Harald mit seinen Mitbewohnern im Gemeinschaftsraum an. Zu meiner großen Überraschung war er nicht mehr auf den Rollstuhl angewiesen. Er bemerkte nicht auf Anhieb, wen ich diesmal mitgebracht hatte. Ich beschloss, mit beiden gemeinsam in Haralds Zimmer zu gehen, damit wir unter uns sein konnten. Ich war so erleichtert und froh, denn Harald konnte wieder selbstständig laufen! Und nicht nur das: Als wir in seinem Zimmer beisammensaßen, wirkte er viel klarer und schenkte uns sein verschmitztes Lachen, das ich in den vergangenen Wochen so sehr vermisst hatte.

Peter Gerlach ging einfühlsam auf Harald ein und sprach ganz natürlich mit ihm, so wie früher.

»Du bist einer der besten und größten Künstler, die wir haben«, sagte er. »Wo möchtest du deine nächste Show machen?«

»In Las Vegas«, antwortete Harald prompt.

Wir konnten es kaum fassen. Auch die Pflegekräfte waren hocherfreut über Haralds guten Zustand. Länger als zwei Stunden erlebten wir ihn in seiner Bestform. Es war für mich das schönste Geschenk, das man mir machen konnte. Als Peter Gerlach und ich uns verabschiedeten, kehrte Harald zufrieden zum Abendessen in seine Runde im Wohnraum zurück.

Während der Rückfahrt schwiegen wir. Es bedurfte keiner Worte, um unsere Gedanken und Gefühle zu teilen. Einige Tage später schrieb Peter Gerlach mir in einem Brief:

*Liebe Susanne,*
*ehrlich gesagt habe ich mich vor der Visite ein wenig gefürchtet, will man doch einen vertrauten Menschen, dem man liebevolle Zuneigung entgegenbringt, nicht als hinfällig, schutzbedürftig, durch Krankheit verändert erleben müssen und zugleich darum wissen, dass man nicht helfen kann. Die Hilflosigkeit, in der man gefangen ist, schmerzt arg.*
*So traurig das Wiedersehen mit Harald auch war, so froh bin ich doch darüber, dass Du mich mitgenommen hast. Es gab sie, die Augenblicke, in denen der uns allen so vertraute Charme und sein eleganter Witz aufblitzten. Das, was wir kannten, haben wir verloren, und doch bin*

*ich nicht unglücklich, weil ich in keiner Sekunde unseres*
*Beisammenseins das Gefühl haben musste, dass er in*
*seiner imaginären Welt unglücklich ist …*

Die Worte schenkten mir Trost und bestätigten mich darin, dass Harald nicht den Eindruck machte, unter seiner Krankheit zu leiden – nicht an diesem Tag. Und sein guter Zustand sollte tatsächlich anhalten. Bei meinem nächsten Besuch konnte er fast fließend sprechen. Wenn ich zurückdachte, wie aussichtslos sein Zustand vor einigen Wochen noch erschienen war, kam dies einem Wunder gleich! Nach seinem letzten Krankenhausaufenthalt hatte ich Harald schon für immer im Rollstuhl sitzen sehen. Doch er blieb eben ein Stehaufmännchen und war nach wie vor für Überraschungen gut. Ich spürte erneut einen Funken Hoffnung in mir aufkeimen.

Wenn Oliver ohne mich zu Harald fuhr, rief er mich oft an und reichte seinem Vater das Telefon. Harald erkannte mich sogar an meiner Stimme. Manchmal schwieg er, während ich mit ihm sprach, oder er fragte: »Bist du in Berlin?« Dann bejahte ich und versprach ihm, ihn am nächsten Tag zu besuchen. So klar hatte er schon lange nicht mehr reagiert!

Auch seine motorischen Fähigkeiten verbesserten sich zusehends. Von der Hausärztin erfuhr ich, dass sie nach und nach alle bisherigen Medikamente abgesetzt hatte und stattdessen ein neues verabreichte, das die Gehirnzellen aktivieren sollte. War es das Wundermittel, auf das ich all die Monate gehofft hatte? Vielleicht würde Haralds Zustand sich ja weiterhin stabilisieren.

Trotz einiger Lichtblicke in seiner Behandlung war Harald nur phasenweise klar. Die Krankheit hatte ihn mir genommen, nicht aber unsere Liebe. Den Platz an meiner Seite wird kein anderer je einnehmen können. Über meine Zukunft wollte ich mir in jener Zeit aber noch keine Gedanken machen.

Wenn Harald gewusst hätte, wie viel Kummer er mir einmal bereiten würde ... Sämtliche Entscheidungen musste ich nun ohne sein Einverständnis treffen. Es war ein einsamer Kampf, der für uns beide kein gutes Ende nehmen würde.

Es tat so gut, ihn in diesen Wochen wenigstens heiter und dann und wann lachend zu erleben. In sein Lachen, das Millionen von Fernsehzuschauern kannten, hatte ich mich einst selbst verliebt. Das Schlimmste war, nach einem Heimbesuch nach Hause zu kommen. Trostlose Einsamkeit empfing mich. Kein Harald, der da fragte: »Hattest du einen schönen Abend? Wer war alles da?«

Ich konnte mich nur daran festhalten, dass es ihm relativ gut ging, bis zum nächsten Mal.

Ende Januar erhielt ich abends einen Anruf aus dem Krankenhaus: Harald war erneut gestürzt! Er hatte Schürfwunden am Kopf davongetragen und sich die Kniescheibe geprellt.

Mein ganzer Körper schmerzte vor Anspannung. Ich sah plötzlich nur noch schwarz. Ohnmächtig stand ich vor der Katastrophe unseres Lebens, die nun schon dreieinhalb Jahre andauerte. Ein »Warum?« lag mir auf der Zunge, und für einen Moment haderte ich mit allem.

»Mich beherrscht nur eine Sucht, ein großer, erfolgreicher Schauspieler zu sein«, hatte Harald in einem Exklusivinterview in der *Gala* 1996 gesagt. Wie sehr hatte er seine Alkoholkrankheit damit unterschätzt!

Welch jämmerlicher Anblick, als ich Harald am nächsten Morgen im Krankenhaus besuchte. Die Kopfverletzungen sahen böse aus. Doch anscheinend hatte er keine allzu großen Schmerzen. Er aß ein wenig Eistorte, die ich ihm mitgebracht hatte. Trotz allem wirkte er recht klar auf mich. Ich erzählte ihm, dass das ZDF plante, ihm anlässlich seines fünfundsiebzigsten Geburtstags eine ganze Sendung zu widmen, die Carmen Nebel moderieren würde. Harald blickte mich irritiert an. Damit konnte er wohl nichts anfangen.

Der Stationsarzt sagte mir, dass Harald rückwärts die Treppe hinuntergefallen sei. Es hätte noch schlimmer kommen können.

Permanent auf einem Pulverfass zu sitzen, die Gefahr ständig vor Augen zu haben, ohne zu kapitulieren, war Fatalismus. Es gab keine Alternative für mich.


Haralds gute mentale Verfassung hielt auch nach seiner Rückkehr in den Katharinenhof an. Er schien reale Erinnerungen aus der Vergangenheit zu reflektieren. Was er mir erzählte, hatte Hand und Fuß. Anfang Februar sagte er zu mir: »Ich lebe jetzt ein Leben ohne Alkohol.« Ich war sprachlos.

Als ich ihn mit Carin besuchte, wirkte er recht entspannt. Wir überredeten ihn, eines seiner Lieder zum

Besten zu geben. Daraufhin sang er: »Du hast Glück bei den Frauen, Bel Ami ...« Das Faszinierendste war, dass er einwandfrei den Text beherrschte.

Harald tanzte sogar mit mir und küsste mich zärtlich auf die Stirn. Welch ein glücklicher Moment! Die Demenz hatte Harald vieles genommen, doch seinen Charme offenbar nicht.

In seinem Buch *Der einarmige Pianist* schreibt der Neurologe Oliver Sacks, Aspekte des Kerncharakters, der Persönlichkeit, der Person und des Selbst »überleben mit bestimmten, fast unzerstörbaren Formen des Gedächtnisses – selbst bei stark fortgeschrittener Demenz. Es ist, als hätte die Identität eine so robuste, breit gestreute neuronale Basis, als wäre der persönliche Stil so tief im Nervensystem verankert, dass sie nicht ganz verloren gehen können, ... solange noch irgendwelches geistiges Leben vorhanden ist.«[3]

Gerade für mich als seine Ehefrau war dies eine überzeugende Aussage, die mich tief berührte. Ich hatte Harald nicht verloren, es gab ihn noch immer ... wenn auch nur in speziellen Zusammenhängen.

Bei meinem nächsten Besuch war Harald gut beieinander und auch recht gesprächig. Doch ich konnte ihm nur bedingt folgen und hatte das Gefühl, dass er über imaginäre Dinge sprach, die ich nicht nachvollziehen konnte. Sorgen machte mir, wie stark er abgenommen hatte. Seine Beine waren so dünn geworden, die Muskulatur hatte sich zurückgebildet. Welche Auswirkungen würde das nach sich ziehen ...

Nach meinem Besuch hörte ich mir abends einen Live-Mitschnitt aus dem Burgtheater Wien an. Es berührte mich sehr, Harald so lebendig aus seiner Biografie *Meine sieben Leben* lesen zu hören. Es war, als würde er leibhaftig vor mir stehen.

Fünf Jahre waren seitdem vergangen, und nichts war mehr, wie es einmal gewesen war ... Ist das gerecht, dass man für so viel Gutes und Schönes im Leben mit Leid bezahlen muss? Bestimmt das der Gott der Gerechtigkeit?

Aus dem Lautsprecher drang Haralds Stimme, wie er las, die Pointen zelebrierte und sein Publikum in Bann zog. Der Kontrast zwischen damals und heute tat unendlich weh. Hätte er gewusst, was aus ihm geworden war ... Zum Glück aber war ihm das Schicksal gnädig, im Gegensatz zu mir.

Ende Februar verschlechterte Haralds Zustand sich erneut. Ich wollte es anfangs nicht wahrhaben, war überzeugt, es liege an den Medikamenten. Doch die Fakten ließen sich nicht leugnen. Harald schlief, als ich ihn mit Oliver besuchte. Nach einer Weile gelang es uns, ihn in den Ohrensessel zu setzen. Ich legte eine CD ein – einen Live-Mitschnitt seines Konzerts im Gewandhaus in Leipzig. Harald reagierte anfangs kaum darauf. Als seine Augen sich weiteten und er intensiv zu lauschen begann, fragte ich mich: Was mochte nur in ihm vorgehen? Ob noch Spuren in seinem Gedächtnis vorhanden waren aus jener Zeit?

Das Thema Demenz bestimmte meine Gegenwart. Anfang März lief eine Dokumentation im Fernsehen über eine Frau, die im Wachkoma lag, Mutter von drei kleinen Kindern. Das Schlimmste sei, nicht Abschied nehmen zu können, meinte der Vater. Ich konnte nur zu gut nachempfinden, wovon er sprach.

Aus unserem und ähnlichen Schicksalen lernte ich, wie sinnvoll und wichtig es ist, frühzeitig bei einem Notar eine Vorsorgevollmacht, eine Betreuungs- und eine Patientenverfügung ausfertigen zu lassen, noch ehe der Fall eintritt, dass man nicht mehr geschäftsfähig, pflegebedürftig oder auf lebensverlängernde Maßnahmen angewiesen ist.

Eine Demenz beginnt meist unbemerkt und schreitet unaufhaltsam fort. Ein langes Abschiednehmen in die Welt des Vergessens ... Es gibt weltweit Millionen von Demenzkranken, und jeder Betroffene hat seinen eigenen Lebenslauf. Je besser man über die Vergangenheit des Erkrankten informiert ist und weiß, welche Ereignisse sein Leben geprägt haben, zum Beispiel die Kindheit, Familie, der Beruf, Hobbys, umso besser kann ein Betreuer oder Pfleger auf das Erinnerungsvermögen und die Bedürfnisse des Kranken eingehen. Auf jeden Fall ist dies hilfreich, um den Alltag leichter zu gestalten und zu bewältigen, zumindest in nicht allzu fortgeschrittenem Stadium der Demenz.

Nach dreißig Jahren Ehe kennt man seinen Partner mit all seinen Stärken und auch Schwächen und ebenso sein Vorleben. Ich konnte auf ein gelebtes Leben mit Harald zurückgreifen, auf ein reiches Archiv der Erinnerungen. Nichts konnte uns trennen, bis zu dem Zeitpunkt, als das Schicksal unsere gemeinsame Welt in zwei Hälften zertrennte und uns nie wieder vereinen sollte. Ist es das Geheimnis, dass man einen Menschen erst findet, wenn man ihn verloren hat?

Mit der zuständigen Heimärztin stand ich in regelmäßigem Kontakt. Auch wenn es kein Allheilmittel für Harald gab, hatte seine gute Verfassung in den ersten Wochen des neuen Jahres gezeigt, dass sich sein Zustand signifikant verbessern ließ. Meine Ausdauer sollte noch einmal belohnt werden. Harald bekam ein neues Medikament, auf das er überraschend gut ansprach. Er schien mir lebendiger zu sein, so als hätte er wieder einen Fuß in unsere gemeinsame Welt gestellt. Ich wollte es wissen … Gemeinsam hörten wir seinen Song »Barfuß oder Lackschuh«. Offensichtlich realisierte Harald, dass es seine eigene Stimme war, die aus den Lautsprechern kam, und bewegte sich, als stünde er auf der Bühne.

Das Album war Teil einer Jubiläumsausgabe zu Haralds fünfundsiebzigstem Geburtstag im kommenden Juni. Bereits im Februar war das ZDF an mich herangetreten. Zwei verschiedene Sendungen waren geplant: die Dokumentation *Idole* sowie eine von Carmen Nebel moderierte Hommage mit dem Titel *My Way. Harald Juhnke – ein Leben für die Show.* Die Vorbereitungen zu beiden Sendungen waren in vollem Gang. Peu à peu wurde mir bewusst, dass mir eine Reise in die Vergangenheit bevorstand. Mit den Sendungen sollten Haralds glanzvolle Zeiten wieder aufleben. Doch die Gegenwart holte mich immer wieder ein.

Harald wirkte ausgezehrt, als hätte er weiter abgenommen, obwohl er normal aß. Ich hielt meine Erwartungen in Grenzen und freute mich, wenn er mich offensichtlich wahrnahm. Was mich manchmal nachdenklich machte, war der Umstand, warum Harald nie fragte, wenn ich mich verabschiedete:»Wohin gehst du?«, oder sagte:»Ich komme mit dir mit.« Was hätte ich dann antworten sollen? Ich bin froh darüber, dass mir diese Situation erspart blieb. Das Heim war seine vertraute Umgebung, in der er sich zu Hause fühlte. Das war ein Segen für uns beide. Ich konnte Harald beruhigt verlassen und in meine Welt zurückkehren, in der ich ihn unendlich vermisste.

Am 16. März liefen die Vorbesprechungen zum Ablauf für die Dokumentation *Idole*. Das Drehbuch und die Termine für die Sendung standen fest. Buch und Regie führten Annette Baumeister und Florian Hartung. Szenen aus dem Drama »Harald Juhnke in *Der Trinker* nach Fallada« würden mir sicher erneut unter die Haut gehen. Ich spürte ein gewisses Unbehagen, wie ich die Dreharbeiten verkraften würde. Trotzdem wollte ich natürlich gern meinen Beitrag leisten. Für die Interviews gingen wir an die Originalschauplätze. So wurde der erste Teil im Zuschauerraum und in der Garderobe des Renaissance-Theaters aufgezeichnet, wo wir uns kennengelernt hatten.

Am letzten Drehtag war das Wetter wie bestellt: strahlend blauer Himmel und Sonnenschein pur. Einen schöneren Tag für die Außenaufnahmen hätten wir uns nicht wünschen können. Am Vormittag fuhr Oliver mich zum

Schminktermin. Anschließend wurde ich vom Produktionsfahrer abgeholt und zu den verschiedenen Drehorten gebracht. Zuerst ging es zum Theater am Kurfürstendamm, anschließend zum Jagdschloss im Grunewald, von dem aus man einen atemberaubenden Blick über den See genießt. Wie lange war ich nicht mehr dort gewesen! Früher waren wir fast jeden Sonntag mit Oliver um den Grunewaldsee spaziert.

Das letzte Interview fand gegen 17 Uhr zu Hause in der Lassenstraße statt. Ich verspürte eine gewisse Nervosität, weil es nicht einfach ist, zu wissen, dass man groß im Bild ist, und sich vor laufender Kamera souverän und selbstbewusst den Fragen zu stellen und sie gelassen zu beantworten. Das Kamerateam zeigte sich geduldig mit mir und musste mehrmals abbrechen, weil ich mich im Text verhaspelte, was mir natürlich peinlich war. Wahrscheinlich blockierte ich mich selbst, weil ich die schlimmen Situationen der letzten Jahre verdrängen und mich nicht immer wieder damit konfrontiert sehen wollte.

Dennoch konnten wir alle mit dem Ergebnis hochzufrieden sein. Auch wenn Harald vor beinahe vier Jahren aus dem Scheinwerferlicht abgetaucht war, war er wieder in der Fernsehshow präsent. In der Kurzbeschreibung der Dokumentation hieß es:

*Er feierte jahrzehntelang Erfolge und erlitt dramatische Niederlagen. Harald Juhnke war ein Überlebenskünstler und das Stehaufmännchen der Nation. Juhnkes Erfolgsgeheimnis war seine Vielseitigkeit: Schauspieler, Sänger, Showmaster, Entertainer. Und trotzdem blieb er der Mann*

*aus dem Volk und kokettierte mit seiner schnoddrigen
Berliner Schnauze.
Die Schattenseite seines Erfolgs war die Angst vor der
Leere nach dem Applaus. Er zog um die Häuser, stürzte
ab und machte aus seiner Alkoholsucht kein Geheimnis.
Doch jedem Absturz folgte ein Comeback. Hauptrollen
in Kino und Fernsehen brachten ihn »raus aus den Schlag-
zeilen, rein ins Feuilleton« und machten ihn unsterblich.
Harald Juhnke – ein Mensch, mit dem sein Publikum
lachte und weinte.*

Nach Abschluss der Dreharbeiten war ich emotional völlig erschöpft. Es war anstrengender gewesen,
als ich es mir vorgestellt hatte. Natürlich standen die
glanzvollen Höhepunkte von Haralds Karriere im Vordergrund. Die Fernsehsendungen anlässlich seines
fünfundsiebzigsten Geburtstags waren das größte Geschenk, um die Erinnerung an ihn wachzuhalten. Ich
fühlte mich glücklich, ein wenig dazu beigetragen zu
haben. Schon bald danach jedoch überkam mich wieder die Leere.

Um mich abzulenken, spazierte ich durch meinen Garten. Die ersten Frühlingsboten erhellten das Wintergrau.
Mit dem Frühling erwächst neues Leben, in der Natur
wie im Menschen.

Vieles, was ich früher geliebt hatte, machte mir keine
Freude mehr. Ich hatte mich aus dem gesellschaftlichen
Leben mehr und mehr zurückgezogen. Auf Belang-
losigkeiten und Tratsch konnte ich verzichten. Nur in
meinem engsten Freundeskreis verkehrte ich, um der
Tristesse zu entfliehen. Gute Gespräche bringen auch

gute Gedanken mit sich. Meine Freunde vermittelten mir das Gefühl, nicht allein zu sein in dieser schweren Zeit.

Wenngleich es Harald etwas besser ging als noch vor einem Vierteljahr, war eines deutlich geworden: Auch die neuen Medikamente konnten kein Wunder vollbringen. Sie hatten Harald einige gute Wochen beschert, für die ich so dankbar war. Doch seine Kräfte ließen immer mehr nach.

Besonders deutlich wurde mir dies bei einem meiner Besuche Ende März, nachdem ich eine CD mit seinen Songs aufgelegt hatte. Harald blühte geradezu auf. Er wippte im Rhythmus, doch der Text schien ihm abhandengekommen zu sein. Es war ein schöner Moment – und unendlich traurig zugleich.

Ich war mir völlig sicher, dass Harald noch Gefühle hatte. Wenn er partout etwas nicht wollte, konnte man ihn nicht dazu zwingen. Auch für uns, seine Familie, hatte er noch eindeutige Gefühlsregungen. Wenn ich ihm ein Foto zeigte, erkannte er Oliver und mich, strahlte und nannte sogar unsere Namen. Jedoch fiel es ihm immer schwerer, sich zu artikulieren. Diese Tiefs schürten meine Angst jedes Mal aufs Neue. Niemals konnte ich mich darauf einstellen, in welcher Verfassung ich meinem Mann begegnen würde.

Am 8. April war unser dreiunddreißigster Hochzeitstag. Oliver kam mittags vorbei und brachte mir einen zauberhaften Strauß rosafarbener Rosen. Ich versuchte, alle Sentimentalitäten zu verdrängen, und fuhr mit ihm zusammen zum Katharinenhof.

Als wir ankamen, stand Harald mit einem Bouquet aus roten Rosen im Zimmer, und ich meinte, ihn »Herzlichen Glückwunsch« sagen zu hören. Ich war überrascht und wusste zugleich, dass jemand das Ganze arrangiert haben musste – nur wer?

Ich hatte Harald symbolhaft eine kleine Torte und andere Leckereien mitgebracht – noch immer liebte er Süßigkeiten über alles. Den Nachmittag verbrachten wir in seinem Zimmer, hörten Sinatra und machten ein Tänzchen. Ich war mir sicher, er wusste nichts von unserem Hochzeitstag, auch wenn er den Tag spürbar genoss.

An diesem Abend legte ich mich mit starken Rückenschmerzen schlafen.

In den vergangenen Wochen hatte sich Haralds Befinden nicht schubartig verschlechtert, so wie im vergangenen Jahr, sondern langsam, aber stetig. Das brachte mich vor Kummer fast um den Verstand. Doch ich hatte Demut gelernt, war froh, dass er laufen konnte und Oliver und mich nach wie vor erkannte.

Mental musste ich stark bleiben, doch der Druck schien sich auf meinen Rücken zu verlagern. Ich schlief mit dem Schmerz ein und wachte mit ihm auf. Durch Massagen hoffte ich Linderung zu finden, doch es dauerte lange, bis sie Wirkung zeigten.

Immer wieder lauerten Paparazzi vor dem Katharinenhof. Daran hatten wir uns gewöhnt. Mitte Mai rief Oliver mich aufgeregt an: Ein Journalist hatte sich bei ihm gemeldet. Angeblich sei Harald mit Blaulicht ins

Krankenhaus gefahren worden und musste wiederbelebt werden!

Bei mir hatte niemand angerufen, und obwohl ich zutiefst erschrak, ahnte ich, dass es sich um eine Falschmeldung handelte. Ein Anruf im Katharinenhof bestätigte mich in meiner Annahme. Und das war noch nicht das Schlimmste, was die Medien uns zumuteten, wie sich Ende des Jahres zeigen sollte.

Mit zwei Freundinnen fuhr ich tags darauf zu Harald. Er begrüßte uns guter Dinge, freute sich sichtlich über den Damenbesuch und lachte auf seine verschmitzte Art.

Das Wetter war freundlich, und so setzten wir uns im Innenhof auf eine Bank. Harald aber packte mit einem Mal die Unruhe, er wollte nicht bleiben. Was oder wohin er wollte, konnte er auch nicht sagen. Ihn mit Fragen zu nerven hätte keinen Sinn gehabt. Dennoch genoss er es, als er von uns zum Abschied ein Küsschen bekam. Schweren Herzens ließen wir ihn zurück.

Als Haralds fünfundsiebzigster Geburtstag näherrückte, meldeten sich die Medien bei mir, um zu erfragen, ob denn eine Geburtstagsfeier geplant sei. Oliver und ich gaben keine Auskunft. Es war vereinbart worden, dass wir gemeinsam im Publikum der Carmen-Nebel-Show sitzen sollten, die Anfang Juni aufgezeichnet und an seinem Geburtstag ausgestrahlt werden sollte.

Es kam eine freundliche Anfrage, ob Harald auf der Bühne oder wenigstens mit uns im Zuschauerraum dabei sein könne. Ganz offensichtlich ahnte keiner von der Produktion, wie schlecht es wirklich um ihn bestellt war. Selbstverständlich sagte ich höflich ohne weiteren Kommentar ab. Es wäre geschmacklos gewesen, ihn vorzuführen. Nicht auszudenken, wie die Medien das ausgeschlachtet hätten. Die Presse respektierte meine Absage und interpretierte sie auf ihre Art.

Allerdings wusste ich auch noch nicht, wie wir den Geburtstag selbst verbringen würden. Sollte ich Freunde dazu bitten? In welcher Verfassung würde Harald sein? Womit konnte ich ihm am meisten Freude bereiten? Noch blieb mir Zeit, alles zu organisieren. Die Gartenarbeit half mir, mich abzulenken. Und so beschnitt ich die Buchsbäume und widmete mich anschließend den Beeten. Ich spürte, wie ich mich nach und nach ein wenig entspannte.

Am nächsten Tag, als ich gerade auf dem Weg zur Physiotherapie war, klingelte mein Handy: ein Anruf aus dem Katharinenhof. Harald war mit Verdacht auf Lungenentzündung ins Krankenhaus eingeliefert worden!

Als ich in der Klinik anrief, sagte man mir, Harald habe hohes Fieber und starken Husten. Zum Glück erreichte ich Oliver und fuhr sofort mit ihm in die Klinik. Ich wollte mir selbst ein Bild machen.

Im Krankenhaus erwartete uns bereits der Stationsarzt. Der Verdacht auf Lungenentzündung hatte sich nicht bestätigt, doch Harald war dehydriert. Er bekam eine Infusion, die den Flüssigkeitsverlust ausgleichen sollte.

Als Oliver und ich an sein Bett traten, war er wach, doch ganz in seiner Welt versunken. Ich hatte den Eindruck, er registrierte nicht, wo er war. Ich strich über seine Hand, den Arm, und er begann »Fly Me To The Moon« zu summen.

Nachdem er eingeschlafen war, machten Oliver und ich uns bedrückt auf den Weg nach Hause.

Immer häufiger fand ich Harald schlafend in seinem Bett vor. Waren es die Medikamente? Ich liebkoste ihn und redete leise auf ihn ein, doch er behielt die Augen geschlossen, auch im Wachzustand. Ich gab ihm zu trinken und wechselte mithilfe der Schwester sein Hemd. Er hustete arg, doch sein Zustand besserte sich, und er konnte zwei Tage später in den Katharinenhof in seine gewohnte Umgebung zurückgebracht werden.

Bei unserem Besuch saß Harald im Wohnraum im Sessel. Er gefiel mir gar nicht. Um ihn abzulenken, fütterte ich ihn mit Erdbeerpüree. Doch der Ausdruck seiner Augen war anders als sonst.

Später ging ich mit ihm in den Garten, damit er etwas Bewegung hatte und frische Luft bekam. Er schaffte eine Runde, dann war er völlig erschöpft. Doch ich wollte, dass er noch etwas aß, bevor er zu Bett ging. Ich hatte ihm Spargel mit Sauce hollandaise und Kartoffeln mitgebracht. Zu meiner Überraschung verputzte er den ganzen Teller voll – meine einzige Freude an diesem unruhigen Tag.

In der folgenden Woche klingelte immer wieder das Telefon. Reporter von allen möglichen Zeitschriften baten um ein Geburtstagsinterview. Das hatte noch gefehlt! Noch immer hatte ich nicht entschieden, wie wir feiern sollten. Harald durfte auf keinen Fall überanstrengt werden.

Meine Sorge galt auch Oliver, der mir immer zur Seite stand und von der ganzen Situation doch genauso belastet wurde. Ich hatte nicht damit gerechnet, dass das Schicksal aus einer ganz anderen Ecke zuschlagen könnte. Die Realität kann grausamer nicht sein ...

ACHTES KAPITEL

## »Wenn Mütter Blumen wären« –
## Ein schmerzvoller Verlust

*Das einzig Wichtige im Leben sind die Spuren*
  *von Liebe,*
*die wir hinterlassen, wenn wir weggehen.*

ALBERT SCHWEITZER

Es ist das größte Geschenk, eine glückliche Kindheit erlebt zu haben. Meine Eltern schenkten uns Geborgenheit und bedingungslose Liebe, und sie ließen meine Geschwister und mich unseren eigenen Weg finden und gehen.

Als mein Vater 1985 starb, vertiefte sich die Bindung zu meiner Mutter noch mehr. Unsere kleine Familie gab ihr Halt, und sie war mir in den Jahren meiner Ehe eine enge Vertraute.

Kurz nachdem ich Harald kennengelernt hatte, erzählte ich ihr von ihm und deutete an, dass es wohl etwas Ernsthaftes sei.

Nachdem ich in Haralds schriftlichen Heiratsantrag

eingewilligt hatte, wollte er bei meinen Eltern offiziell um meine Hand anhalten. Ich selbst wäre zu gern dabei gewesen, doch da ich auf Tournee war, musste er seinen Antrittsbesuch ohne mich abstatten.

Harald berichtete mir umgehend telefonisch über den Ablauf dieses denkwürdigen Treffens. Er war hocherfreut, denn er hatte seine Mission erfolgreich über die Bühne gebracht. Meine Eltern vertrauten mir bedingungslos und freuten sich mit mir, dass meine Entscheidung aus tiefstem Herzen kam. Sie und meine Brüder hatten von Anfang an ein besonders herzliches Verhältnis zu Harald.

Meine Mutter verstand mich zutiefst. Ihr Mitgefühl bedurfte keiner Worte. Sie war feinfühlig und verschwiegen. Weder mein Vater noch meine Mutter hatten jemals in Haralds Gegenwart die Probleme unserer Ehe angesprochen. Die Ehe mit einem Alkoholkranken ist ein Balanceakt, der zur Zerrüttung führen kann, aber trotz allem lebt man immer mit der Hoffnung, dass man es gemeinsam schaffen kann, die Krankheit in den Griff zu bekommen.

Mami fühlte, wie schwer die Belastung für mich war. Auch wenn sie nach Haralds letztem Absturz hilflos zusehen musste, so teilte sie doch den Kummer mit mir. Zwei Seelen, ein Gedanke …

Mami war am 22. Juli 2002 achtzig geworden. Ich schrieb ihr einen Geburtstagsbrief und unterzeichnete mit »Deine Katze«, denn so hatte mich Mami schon als Kind genannt.

*Liebe Mami,*
*ich kann es nicht fassen, dass wir heute Deinen achtzigsten*
*Geburtstag feiern. Wir haben doch gerade erst Deinen*
*siebzigsten gefeiert. Du darfst Dich glücklich schätzen,*
*dass Du noch so gut beisammen bist. Ich bin froh darüber,*
*dass wir Deinen Ehrentag gemeinsam erleben dürfen.*
*Mein größter und einziger Wunsch für Dich ist, dass*
*Du noch lange gesund bleibst.*
*Wenn ich das Gute in meinem Leben zusammenzähle,*
*zähle ich Dich immer zweimal.*
*Manchmal können wir nicht mehr füreinander tun,*
*als einfach da zu sein. Ich danke Dir fürs Zuhören und*
*Kümmern, fürs Geben und Teilen, fürs Immer-da-Sein.*
*Wenn Mütter Blumen wären, wärst Du die Blume, die ich*
*pflücken würde.*

*In Liebe*
*Deine Katze*
*mit Harald & Oliver*

Obwohl meine Mutter erstaunlich rüstig war, setzte das Alter mit seinen Beschwerden auch ihr immer mehr zu. Ich war in Sorge, denn sie fühlte sich körperlich immer schwächer. Täglich rief ich sie an. Sie freute sich, doch sie gab mir niemals das Gefühl, zu irgendetwas verpflichtet zu sein. Doch ich wünschte mir inständig, mehr Zeit für sie zu haben.

Die Aufzeichnung der ZDF-Gala *Harald Juhnke – Ein Leben für die Show* stand zwei Tage vor Haralds Geburtstag an. Ich freute mich auf das Wiedersehen mit seinen einstigen Kollegen, die in der Show mitwirkten. Nach der Aufzeichnung rief ich Mami an, um ihr davon zu erzählen, aber sie ging nicht ans Telefon. Oliver und ich fuhren sofort zu ihr. Sicherheitshalber hatte ich ihren Wohnungsschlüssel mitgenommen.

Mein ungutes Gefühl hatte mich nicht getrogen. Diesen Anblick würden wir nie vergessen. Wir riefen sofort den Notarzt. Es muss ihr schwaches Herz gewesen sein.

Mamis Tod traf uns wie ein Schock. Die Welt stand plötzlich still.

Es ist schwer, den Tod eines geliebten Menschen zu begreifen. Mami hatte mir gegenüber seit Langem die Hoffnung geäußert, irgendwann in Frieden einschlafen zu können. Hatte sie wohl gespürt, dass es zu Ende ging?

Am nächsten Morgen fühlte ich mich wie gelähmt und war kaum in der Lage aufzustehen. Welch eine Bürde, die Nachricht von Mamis Tod meinen Brüdern und Freunden am Telefon überbringen zu müssen.

Am Abend des 9. Juni kam der Bestatter zu uns, um alles Notwendige für die Trauerfeier zu besprechen. Meine älteste Schulfreundin Doris war aus Hamburg angereist, um mir in diesen schweren Tagen beizustehen.

Auch in der folgenden Nacht konnte ich kaum schlafen. Früh am nächsten Morgen wachte ich auf. Es war der 10. Juni, der fünfundsiebzigste Geburtstag meines Mannes. Es sollte ein freudiger Tag werden. Doch meine Gedanken waren nur bei meiner Mutter …

Oliver und ich mussten uns geradezu zwingen, die Trauer für einige Stunden aus dem Kopf zu verbannen.

An Haralds Geburtstag hatten wir im Katharinenhof einen separaten Raum zur Verfügung gestellt bekommen. Platz genug für die Geburtstagsrunde im engsten Freundeskreis. Als wir am Katharinenhof vorfuhren, erwarteten uns bereits mehrere Paparazzi. Wir stiegen aus, bepackt mit Überraschungstüten, einem Rosenstrauß und einer großen Geburtstagstorte. Sollten sie ruhig sehen, dass wir gekommen waren, um Haralds Geburtstag zu feiern, aber unter Ausschluss der Öffentlichkeit.

Auch der Bürgermeister von Fredersdorf hatte einen Geburtstagsstrauß und Glückwünsche geschickt.

Der Raum war sonnendurchflutet und die Geburtstagstafel mit Blumen und Kerzen dekoriert. Eine Freundin hatte für Harald bunte Luftballons mitgebracht. Gut gelaunt meinte er: »Das ist doch heute hier kein Kindergeburtstag!«

Mir fiel ein Stein vom Herzen, dass er in so guter Verfassung war. Als alle Geburtstagsgäste Platz genommen hatten, schnitt ich die Torte an.

Harald strahlte über das ganze Gesicht. Ich habe noch im Ohr, wie er in die Runde sagte: »Wartet erst, bis ich achtzig werde!« Gelächter brach aus.

Wir hörten CDs von Harald und machten sogar ein Geburtstagstänzchen. Ich war froh, dass wir an Haralds Ehrentag ein paar fröhliche Stunden gemeinsam verleben durften. Er beschenkte uns mit seinem Lachen und machte uns damit glücklich.

Viele Weggefährten hatten Harald Glückwünsche übermittelt. Rund um Haralds fünfundsiebzigsten Geburtstag berichteten die Medien in Form von großartigen Artikeln, Fotos und Gratulationen, darunter der Regierende Bürgermeister Klaus Wowereit, Thomas Gottschalk, Katharina Thalbach, Udo Jürgens, Hape Kerkeling, Dominic Raacke und viele weitere Kollegen. An die erfolgreichsten Stationen seiner Karriere wurde erinnert, wie die Rolle in *Schtonk!* für die Harald 1993 den Ernst-Lubitsch-Preis erhielt, an die Darstellung des Erwin Sommer in der Fallada-Verfilmung *Der Trinker* und an den *Hauptmann von Köpenick* nach dem Bühnenstück von Carl Zuckmayer.

Das ZDF würdigte Harald mit der großen Geburtstagsgala, zu der ich als Ehrengast geladen war. Studiogäste in der von Carmen Nebel moderierten Show waren unter anderen Johannes Heesters, Paul Kuhn, Brigitte Mira, Wolfgang Spier, Brigitte Grothum, Ben Becker, Jutta Wachowiak, Jaecki Schwarz, Edith Hancke, Katja Ebstein und Extrabreit. Ich hätte Harald so sehr gewünscht, all die Ehrungen, die Sympathie und die Liebe, die ihm an diesem Tag entgegengebracht wurden, bewusst miterleben zu können. Er wäre stolz gewesen.

Wenn es nach seinem Wahlspruch gegangen wäre, hätte er bis zum Umfallen auf den Brettern gestanden, die für ihn die Welt bedeuteten.

Nach der Geburtstagsfeier machten wir uns auf den Weg nach Hause. Gemeinsam mit Freunden sah ich mir die TV-Ausstrahlung der Show an. Doris blieb einen weiteren Tag bei mir, und ich war so froh, nicht ganz allein sein zu müssen.

»Wer trocknet Frau Juhnke die vielen Tränen?«, schrieb ein Boulevardblatt. Mir fiel ein Satz ein, den die Pfarrerin Waltraud Friedewald einmal gesagt hatte: Tränen werden zu Perlen.

Frau Friedewald war es auch, die den Trauergottesdienst für Mami abhalten sollte. Sie besuchte mich am folgenden Abend, um einiges über meine Mutter zu erfahren.

Ich fühlte mich mutterseelenallein. Meine Gedanken waren bei Mami. Das Endgültige zu begreifen ist ein langer Weg. Nichts würde ich mehr mit meiner Mutter teilen können.

In tiefster Einsamkeit schrieb ich ihr diesen Brief in den Himmel:

*Liebste Mami,*
*ich stehe mit Dir auf in Gedanken und schlafe mit Dir*
*ein. Wir haben immer unsere Freude geteilt und waren*
*im Leid besonders eng verbunden. Es tut mir unendlich*
*leid, dass ich Dir so viele Sorgen bereitet habe. Ich weiß,*
*wie ohnmächtig Du warst, dass Du mir nicht helfen*
*konntest. Es hat Dein liebendes Herz zusätzlich*
*geschwächt. Du warst immer in meinem Herzen,*
*heute mehr denn je, und das Abschiednehmen tut mir*
*so unendlich weh.*
*Mit Deinem Leben ist auch ein Stück meines Lebens*
*gestorben. Ich muss lernen, Dich loszulassen.*
*Ich bin dankbar für alles, was war, und vor allem,*

*dass es Dich gab. Oliver und meine engsten Freundinnen trauern mit mir um Dich. Sie spenden mir Trost in den schwersten Stunden meines Lebens. Ich weiß, auch Du hast all das durchgemacht und Verluste erlitten. Du hast mir vorgelebt, wie stark man sein kann, und das hat mich geprägt.*

Die Tage bis zur Beisetzung verbrachte ich in unsäglicher Trauer.

Die Trauerfeier war für den 22. Juni angesetzt. Oliver kam, um mich abzuholen. Als wir eintrafen, hatten sich die ersten Trauergäste schon vor der Friedhofskapelle eingefunden. In den kommenden vierzig Minuten würde ich noch einmal mit Mami vereint sein, um ein letztes Mal Abschied zu nehmen. Für immer.

Gemeinsam mit Oliver ging ich in die Kapelle. Zum Abschied von seiner geliebten Großmutter zündete er zwanzig Kerzen an. Dann betrat die Pfarrerin die Kapelle, öffnete die Tür und bat die Trauergäste herein. An ihrer Seite schritt ich zu meinem Platz ganz vorn, neben meinen Brüdern. Orgelmusik begleitete uns. Es war friedlich und feierlich zugleich. Als das »Air« von Bach ertönte, ließ ich meinen Tränen freien Lauf. Vor mir das Blumenmeer, die Kerzen, der helle Eichensarg, von weißen Blüten bedeckt. Ich konnte nicht glauben, dass meine Mami in diesem Sarg lag. In Gedanken streichelte ich sie ein letztes Mal.

Nach einer bewegenden Trauerrede endete der Gottesdienst mit dem Vaterunser. Zum Abschluss erklang die Aufnahme eines Liedes, von Harald gesungen ...

*irgendwann geht jeder fort*
*in begleitung der sterne zurück zu dem himmlischen ort*
*diese reise macht jeder allein*
*viel zu kurz scheint das leben zu sein*
*und darum nutze jeden moment den das leben dir schenkt*
*den das leben dir schenkt!*[4]

Sie war meine Mutter, was bedarf es der Worte mehr ...

# NEUNTES KAPITEL

## »Gib mir ein Kussi!« –
## Ein letzter Sommer

*Was man zu verstehen gelernt hat,*
*fürchtet man nicht mehr.*

MARIE CURIE

Am 10. Juli 2004 jährte sich Haralds schicksalhafter Abend in Baden bei Wien zum vierten Mal. Wie viel Kummer hatte dies über unsere Familie gebracht ...

In den Wochen nach seinem Geburtstag veränderte sich Haralds Krankheitszustand zusehends. Ehemalige Freunde, denen ich bei gesellschaftlichen Anlässen begegnete, richteten ihm regelmäßig Grüße aus. Die wenigsten wussten, wie es wirklich um ihn stand. Enge Freunde, die ihn länger nicht gesehen hatten und mit mir Harald im Katharinenhof besuchten, waren erschüttert und hätten es nicht wahrhaben wollen, als sie ihn sahen. Doch manchmal blitzten seine Augen auf, und er erkannte einen lieben Menschen – wenngleich er kurz darauf wie andere Demenzkranke wieder in seine Welt abtauchte.

Mit dem Krankheitsverlauf hatte sich auch Haralds Physiognomie verändert. Seine vertraute Mimik war nicht mehr dieselbe.

Nach wie vor aß er mit Appetit, was ich ihm mitbrachte – Mousse au Chocolat, Erdbeeren, Lachs … Wie gewohnt gingen wir gemeinsam an die frische Luft. Harald erzählte oft ohne Unterlass, doch es fiel mir immer schwerer, ihm gedanklich zu folgen.

Bei einem meiner Besuche erzählte ich Harald, dass eine liebe Kollegin, mit der er oftmals auf der Theaterbühne gestanden hatte, gestorben sei. Ich hatte den Eindruck, dass Harald genau wusste, wen ich meinte. »So ein schönes Mädchen«, sagte er, »ich gehe morgen mal vorbei. Woran ist sie gestorben?«

Mitte Juli, als das Thermometer über dreißig Grad anzeigte, wirkte Harald zuweilen apathisch. Trotz aller Schwäche erweckte er den Eindruck, sich geborgen zu fühlen, wenn ich ihn in seiner Wohngruppe antraf. Ich hätte es gespürt, wenn er sich einsam gefühlt hätte.

Manchmal saß eine kleine schwarze Katze bei ihm im Ohrensessel und schnurrte. Dann musste ich an Pascha denken, unseren Kater in der Lassenstraße. Pascha war ein Freigänger, doch bei aller Unabhängigkeit war er eine richtige Schmusekatze. Harald hing an ihm, und Pascha suchte gern seine Nähe. Wenn Harald abends nach dem Theater nach Hause kam, servierte ich ihm gewöhnlich sein Tablett mit dem Abendbrot. Er schlüpfte in seinen karierten Hausmantel, machte es sich in seinem

Sessel bequem und schaltete den Fernseher ein, um zu entspannen. Pascha sprang auf den Sessel, schnupperte am Tablett, als sei es für ihn bestimmt. Dann kletterte er über Haralds Schulter und ließ sich in seiner Armbeuge oder auf seinem Schoß nieder. Harald wagte kaum, sich zu bewegen.

Eines Tages war Pascha verschwunden und kam nicht mehr nach Hause. Wir suchten ihn überall in der Nachbarschaft, doch vergebens. Er war so ein schönes Tier, wahrscheinlich hatte ihn jemand gestohlen. Wir waren sehr traurig über seinen Verlust.

Nun schien es, dass das Kätzchen im Katharinenhof Haralds Nähe suchte.

Sobald Harald mich sah, verwandelte sich sein Ausdruck in ein Strahlen. Die vermeintlichen Proben beschäftigten ihn immer noch sehr. Ich war froh und dankbar, dass die Bühne in seiner Welt nach wie vor so präsent war. Meine Freundin Doris konnte besonders gut auf ihn eingehen in dieser Situation. Dann sagte sie zu ihm: »Wenn du wieder in Hamburg Theater spielst, komme ich in deine Vorstellung.«

Harald schien erfreut zu sein und redete weiter. Es war, wie so oft, ein Wechselbad der Gefühle. Manchmal kann man dem Traurigen auch etwas Positives abgewinnen.

Zur Abwechslung nutzte ich das schöne Sommerwetter zum Golfspielen. Ein paar gestohlene Stunden in der Natur, in denen ich versuchte, die allgegenwärtigen Sorgen hinter mir zu lassen … Im vergangenen Jahr hatten wir bei uns im Garten Mamis letzten Geburtstag zusammen gefeiert.

Als Oliver und ich am 22. Juli an ihrem Grab standen, regnete es, als wolle der Himmel mit uns weinen. In stillem Gedenken legte ich ein Herz aus roten Rosen auf das Grab. Ich fühlte mich so verloren. In der Kathedrale meines Herzens brennt immer eine Kerze für sie.

Haralds Verfassung blieb in den nächsten Wochen unverändert. Wenn es heiß war, schmauste er Wassermelone, die ich in mundgerechte Stücke geschnitten hatte. Hin und wieder lachte er mich verschmitzt an. Eines Nachmittags fragte er mich plötzlich ohne Übergang: »Was macht die Nai-Nai?« So heißt Großmutter auf Chinesisch. Es traf mich wie ein Stich mitten ins Herz. Nach kurzem Zögern musste ich tief durchatmen und sagte spontan: »Ich soll dich ganz lieb von ihr grüßen.« Ich konnte und wollte ihm die traurige Wahrheit nicht sagen. Es ging mir selbst noch zu nahe.

Hin und wieder gesellte sich ein Mitbewohner zu uns, wenn wir in den Garten gingen. Manchmal redeten sie miteinander und doch aneinander vorbei. Es war seltsam zu beobachten, wie ein jeder in seiner eigenen Sphäre dahindriftete. Es berührte mich und machte mich traurig zugleich.

In den vergangenen vier Jahren hatte ich eines gelernt – ich konnte mich nicht darauf verlassen, dass Haralds Zustand stabil blieb. An einen Besuch Mitte August erinnere ich mich noch genau. Als ich gemeinsam mit Carin im Katharinenhof eintraf, stand Harald in seinem Zimmer. Er freute sich, uns zu sehen. Plötzlich bekam er rote Augen und begann herzzerreißend zu weinen. Ich versuchte ihn zu trösten, doch ich konnte ihn nicht erreichen. Nach einer Weile versiegten die Tränen. Wir hakten ihn unter und gingen gemeinsam in den Garten. Voller Unruhe erzählte er, dass er fliegen müsse, so viel verstand ich, aber nicht, wohin und warum. Mithilfe von Carin gelang es mir schließlich, ihn zu beruhigen. Irgendwann sagte er doch tatsächlich: »Gib mir ein Kussi!«

Ich brauchte lange, um mich von dem traurigen Nachmittag zu erholen.

Was war nur aus meinem Mann geworden ... Ich dachte zurück an den Sommer vor fünf Jahren, den letzten gemeinsamen Urlaub auf unserem geliebten Sylt. Haralds ungebrochene Lebensfreude, die aus seinen Augen und aus jeder seiner Gesten sprach. Sein Charme, seine Frohnatur und sein Wortwitz ... Der Kontrast zur Gegenwart hätte kaum schmerzlicher sein können.

Dem nächsten Besuch sah ich bang entgegen. Oliver begleitete mich. Haralds Motorik hatte sich weiter verschlechtert. Auch die Schluckbeschwerden traten immer häufiger auf. Obwohl Harald zwei warme Mahlzeiten am Tag und Zusatzkost bekam, schien er abgenommen zu haben. Das machte mir Sorgen.

Gemeinsam mit Oliver spazierten wir durch den Garten. Haralds Schritte wirkten unsicher. Sein Blick war abwesend. Dann nannte er, ganz ohne Übergang, klar und deutlich unsere Telefonnummer. Wir konnten es kaum fassen.

Später am Abend, als Harald eingeschlafen war und Oliver mich nach Hause gefahren hatte, schrieb ich in mein Tagebuch:

*Ich frage mich immer wieder, was noch alles in Haralds Kopf vorgehen mag. Beim Abendessen verschluckte er sich ganz böse. Es wird erwogen, dass er nur noch Püriertes zu essen bekommt.*
*Es kostet mich immer wieder Kraft zu verdrängen, was ich empfinde, wenn ich Harald besuche. Es ist unbeschreiblich, diesen Krankheitsverlauf mitzuerleben, ohnmächtig und verzweifelt, den Tränen nahe, mit der Realität konfrontiert zu sein. Wie reagieren die vielen Menschen, die ein ähnliches Schicksal tragen, darauf? Kann es noch schlimmer kommen?*

Es war eine permanente Zerrissenheit zwischen Hoffen und Bangen. Die Momente der Vertrautheit, in denen Harald uns noch erkannte, waren wertvoller denn je. Wie lange würde uns das vergönnt sein? Noch hatten wir Harald nicht ganz an die Demenz verloren.

Auch Oliver litt unter dem Zustand seines Vaters und dem Tod seiner Großmutter. Am 20. September 2004 wurde er zweiunddreißig. Ich schrieb ihm wie jedes Jahr einen Geburtstagsbrief:

*Lieber Oliver,*
*wenn Du heute um 0.11 Uhr in Deinen Geburtstag hineinfeierst, bin ich mit meinen Gedanken und meinem Herzen bei Dir, um auf Dein neues Lebensjahr anzustoßen.*

*Nichts ist mehr so, wie es einmal war, das haben wir beide*
*in den vergangenen Jahren hautnah zu spüren bekommen.*
*Das Schicksal mit Papa geht uns beiden an die Substanz,*
*und niemand kann des anderen Leid abnehmen …*

Ich war froh, dass Oliver einen großen Freundeskreis hatte, der ihm half, sich abzulenken. Mir blieb nur zu hoffen, dass er die beklemmenden Erlebnisse und den damit verbundenen seelischen Druck verkraften würde.

Harald nahm den Geburtstag seines Sohnes längst nicht mehr wahr. Als wir ihn wenige Tage darauf besuchten, wirkte er total entkräftet. Er nickte immer wieder in seinem Sessel ein, doch plötzlich schlug er die Augen auf und sagte klar und deutlich: »Oli.« Es war ein ganz besonderes Geschenk.

Wenig später zog es Harald in sein Bett. Ich half ihm, sich umzuziehen, und deckte ihn zu. Wir konnten ihm nur eine ruhige und schmerzlose gute Nacht wünschen.

Der Sommer war in einen bunten Herbst übergegangen. Sollte es unser letzter gemeinsamer Sommer gewesen sein?

In den folgenden Wochen wurde Haralds Zahnsubstanz brüchig. Eine Pflegerin berichtete mir, dass er kürzlich eine Teilprothese verschluckt habe. Nach Rücksprache mit den Ärzten wurde von einem Zahnersatz unter Narkose dringend abgeraten. Eine unzumutbare Beeinträchtigung durch den Status seiner Zähne sei nicht gegeben.

Worauf sollten sich meine Hoffnungen noch beschränken? Auf die Frage »Warum?« gab es keine Antwort mehr.

Es war an der Zeit, den Garten winterfest zu machen. Ich schnitt alle Hortensienblüten ab und verteilte sie in Schalen zum Trocknen, wie jedes Jahr.

Ende Oktober bekam Harald hohes Fieber und eine Bronchitis. Zum Glück schlugen die Medikamente an. Auch das hatte er bald wieder überstanden.

»Ich muss zum SFB«, sagte Harald plötzlich.

Der SFB – Sender Freies Berlin, zunächst ein reines Hörfunkprogramm – war 1958 als Landesregionalsender der ARD mit der *Berliner Abendschau* auf Sendung gegangen, mit dem Wichtigsten aus Politik, Wirtschaft, Kultur und Sport. Seit Anbeginn fühlte sich Harald mit dem SFB verbunden, hauptsächlich durch Interviews in Vorankündigungen der Theaterpremieren mit Szenenausschnitten. Durch die *Abendschau* war man stets umfassend über die aktuellen Tagesgeschehnisse informiert. Ich erinnere mich noch genau an den 9. November 1989. Der SFB berichtete als erster TV-Sender über den Fall der Mauer. Gebannt saß ich vor dem Fernseher, während Harald an dem Abend Theater spielte. In der Pause rief er mich euphorisch an, ob ich denn schon gehört hätte, dass die Mauer gefallen sei. Über den Kurfürstendamm zogen Abertausende von jubelnden und Fahnen schwenkenden Menschen und hupende Trabis. Bis tief in die Nacht hinein verfolgten wir das unfassbare Geschehen vor dem Bildschirm.

Kein anderer Sender hat so viele Wiederholungen

von Fernsehfilmen, Serien und Sketchen mit Harald ausgestrahlt wie der SFB, der 2003 in RBB – Rundfunk Berlin-Brandenburg – umbenannt wurde.

Über viele Jahre gehörten die *Lachgeschichten* mit Harald und vielen bekannten Kollegen obligatorisch zum Silvesterprogramm. Erinnerungen an eine Zeit, die immer weiter in die Ferne rückte ...

Erneut verschlechterte sich Haralds körperliche Verfassung in den kommenden Wochen. Nur mühsam konnte er sich mit meiner Hilfe bis zum Sessel fortbewegen. Er wirkte bedrückt und abwesend. Und so legte ich eine Sinatra-CD mit romantischen Lovesongs auf, »Let's Fall in Love«, »Fly Me to the Moon« ... Für einen Moment wollte er mit mir tanzen, doch er war viel zu schwach.

Es war ein Augenblick, der mich beinahe zum Träumen animierte...

Doch beim Abendessen verschluckte sich Harald an einem Stück Brot und drohte zu ersticken. Wir klopften ihm panisch auf den Rücken, und zum Glück hustete er ab und bekam wieder Luft.

Es war bedrückend, ihn in solch desolatem Zustand zurückzulassen. Als ich zu Hause war, wurde mir ganz schlecht vor Sorge. Ich konnte nicht verleugnen, dass es rapide abwärtsging. Doch ich musste durchhalten, wie auch immer.

Der Herbst ging dem Ende zu, und die besinnliche Adventszeit stand an. Ich fragte mich, worauf ich mich besinnen sollte ... Auf die Vergangenheit? Die Zukunft? Die Gegenwart hatte mich voll im Griff. Anderen Menschen erging es ebenso wie mir oder gar schlimmer. Letztlich muss jeder sein Leben meistern und seine eigenen Antworten finden, ohne Fragen zu stellen. Mut und Stärke und der Glaube an sich selbst sind die einsamen Weggefährten.

Ende November wurde Harald erneut mit 39 Grad Fieber ins Krankenhaus eingeliefert. Panisch fuhr ich in die Klinik. Er lag auf der Inneren Station am Antibiotikatropf. Bitte keine neue Hiobsbotschaft! An diesem Tag konnte ich nichts für ihn tun, als abzuwarten und zu hoffen …

Seit Haralds fünfundsiebzigstem Geburtstag hatte uns die Presse verschont. Drei Tage nach Haralds Einweisung läutete frühmorgens das Telefon und weckte mich aus meinem unruhigen Schlaf. Die dpa bat um mein Statement zu den aktuellen Schlagzeilen: »Juhnke wiegt nur noch 50 Kilo!« – »Juhnke in Klinik! Lungen-Virus«.

Irgendjemand musste Informationen weitergegeben haben. Ich hatte einen Verdacht, doch keine Kraft, dem nachzugehen. Das Telefon läutete pausenlos. Ich nahm keinen Anruf entgegen. Eigentlich hatte ich Harald besuchen wollen, doch den Paparazzi ausgesetzt zu sein raubte mir den letzten Nerv. Ich telefonierte mit dem Stationsarzt. Zum Glück wirkte das Antibiotikum, und Harald befand sich schon bald wieder auf dem Weg der Besserung.

Auch auf meinem Handy ließ man mich nicht in Ruhe. Journalisten baten um Auskunft. Ich sagte nur »Kein Kommentar« und legte auf. Ach, Harald, wenn du wüsstest …

Carin begleitete mich am folgenden Tag zum Krankenhaus. Als ich aus dem Auto stieg, realisierte ich, dass Paparazzi uns auflauerten.

»Tut mir leid, das muss sein«, sagte der erste, stellte sich mir in den Weg und drückte auf den Auslöser der Kamera.

»Für wen arbeiten Sie?«, verlangte ich zu wissen.

»Ich muss mein Geld verdienen«, sagte er nur.

»Sie könnten uns wenigstens fragen!«, entgegnete ich und spürte, wie die Wut in mir hochkochte.

Als wir endlich auf der Station ankamen, zitterten mir die Knie. Musste man uns denn immer noch belästigen?

Harald schlummerte in seinem Bett. Mithilfe der Schwester setzten wir ihn auf, und er wurde zusehends munterer. Welch eine Erleichterung: Harald reagierte auf uns und sprach relativ klar! Ich war verblüfft. Wie in alten Zeiten brachte er uns zum Lachen.

Carin fütterte ihn mit Mousse au Chocolat. Wir waren ganz euphorisch angesichts seiner fröhlichen Verfassung und begannen zu singen. Harald sagte »Mulle« zu mir und lächelte.

»Du bist verheiratet mit deiner Mulle«, sagte Carin und meinte, Harald zeige Frühlingsgefühle.

»Peinlich«, sagte Harald und lachte verschmitzt. Seinen besonderen Humor hatte die Krankheit ihm offenbar nicht rauben können. Für einen kostbaren Augenblick vergaß ich alles und war einfach nur glücklich.

Als Harald schließlich müde wurde und wir das Krankenhaus verließen, lauerten die Paparazzi immer noch, doch das konnte mich nicht mehr aus der Bahn werfen. Nicht an diesem Abend.

Die bunten Blätter waren voll von Spekulationen über Haralds Zustand. Und es sollte noch schlimmer kommen.

Am 4. Dezember brachte eine Wiener Zeitung die erschütternde Meldung, dass Harald an einer schweren Lungenentzündung verstorben sei.

Es war unfassbar. Musste man sich denn alles gefallen lassen? Dachte keiner dieser schlecht recherchierenden Journalisten daran, was sie mir und Oliver damit antaten?

Niemand hatte bei uns angerufen – hatte denn sonst keiner die Meldung gelesen? Ich beauftragte unseren Rechtsanwalt, gegen die Berichterstattung der Zeitung vorzugehen.

Nach einer Woche konnte Harald in den Katharinenhof zurückgeführt werden. Es war phänomenal, wie gut er sich erholt hatte. Doch es blieb ein Schatten über dem Ganzen, denn bei der Blutuntersuchung hatte sich ergeben, dass Haralds PSA-Werte suspekt waren. Um abzuklären, ob das tatsächlich ein Hinweis auf einen möglichen Prostatakrebs war, musste er sich dringend einer Ultraschalluntersuchung unterziehen. Der Arzt beruhigte mich und versprach, man werde keine unnötigen Eingriffe vornehmen.

Niedergeschlagen bereitete ich das Essen vor, das ich Harald in den Katharinenhof mitbringen wollte: frisch gepressten Orangensaft, Mousse au Chocolat und filetierte Clementinen. Ich entfernte die Haut, aber trotzdem war es das letzte Mal, dass Harald nicht püriertes Obst essen konnte. Um ein Haar wäre er an den Scheibchen erstickt. Ich geriet in Panik, als er blau anlief.

Zum Glück fing er sich und bekam wieder Luft.

Wie in den Monaten zuvor hatte er Schwierigkeiten, sich zu artikulieren. Ich konnte deuten, dass er eine Rolle spielen sollte, in der er sterben würde. Ich hielt den Atem an. Was ging nur in seinem Kopf vor?

Behutsam fragte ich ihn über die Rolle aus. Ich wollte mehr in Erfahrung bringen und konnte doch nur ahnen, was er meinte. Gefühle aber übertragen sich auch ohne Worte. In diesem Moment dachte ich an früher, wenn Harald mir von seinen Rollen erzählte. Ich konnte gut nachvollziehen, wie er sich jetzt auf die Dreharbeiten vorbereitete, auch wenn mir nicht klar wurde, welchen Film er meinen mochte, in dem er sterben sollte.

Die Tage bis zu Haralds Untersuchung belasteten mich. Der Garten war von Raureif überzogen. Es wurde winterlich. Ich hatte keinen Leerlauf, schrieb Einladungskarten zu meinem anstehenden Geburtstag und kochte Hühnerbrühe für Harald vor. Hoffentlich bewahrheitete sich die Befürchtung des Arztes nicht.

Zu meinem großen Leidwesen jedoch wurde bei Harald ein Tumor diagnostiziert. Immerhin war er lokal begrenzt. Mir blieb nur die Hoffnung, dass Harald Schmerzen erspart blieben und der Tumor nicht weiter wuchern würde.

In der Adventszeit schlenderte ich einmal durch das festlich geschmückte KaDeWe, um mich ein wenig in vorweihnachtliche Stimmung zu versetzen. Der prachtvoll geschmückte Weihnachtsbaum im Lichthof ist alle

Jahre wieder ein einziger Traum. Heiligabend verbrachten Oliver und ich bei Harald im Katharinenhof.

Meinen sechzigsten Geburtstag wollte ich am liebsten gar nicht feiern, doch Carin konnte mich dazu überreden. Ich war beglückt, meine engsten Freunde um mich zu haben. Mit wie vielen liebevollen Gesten und Reden wurde ich überrascht! Als mir die opulente Geburtstagstorte überreicht wurde, war ich zu Tränen gerührt. Freunde tragen uns durch die Höhen und Tiefen des Lebens.

Zugleich überschattete die Nachricht von der Tsunamikatastrophe in Südostasien die Geburtstagsfeier. Es war ein Unglückstag, der die Welt erschütterte.

Als der letzte Tag des Jahres anbrach, zog ich ein weiteres Mal allein für mich Resümee. Ich spürte die Ereignisse der letzten Wochen an Leib und Seele. Die ständige Angst, dass Haralds Zustand sich dramatisch verschlechtern könnte, forderte ihren Tribut. Vor einem Jahr hatte ich mir vorgenommen, mich etwas mehr um mich selbst zu kümmern. Es war eine Illusion gewesen, die Ereignisse hatten mich an den Rand der Erschöpfung gebracht. Nie im Leben hätte ich mir vorstellen können, was alles auf mich zugekommen war.

Was war wichtig im Leben und was nicht? Worauf kommt es an? – So vieles hatte sich verändert.

ZEHNTES KAPITEL

## »Ich liebe dich noch immer« –
## Bis zum Ende aller Tage

*Das Mitleid ist die letzte Weihe der Liebe,*
*vielleicht die Liebe selbst.*

HEINRICH HEINE

Gewisse Erlebnisse kann man nicht aus seinem Leben streichen und genauso wenig die Bilder, die sich tief in das Gedächtnis eingraben …

Anfang Januar 2005 war mein Besuch bei Harald beklemmend. Er wirkte so entkräftet und ausgezehrt. Mithilfe der Schwester setzte ich ihn auf.

Er wollte mir etwas erzählen, doch zu meiner Verzweiflung konnte ich ihm nicht folgen. Wie gern hätte ich ihm etwas von meiner Kraft abgegeben, doch ich war selbst völlig ausgelaugt. Vorahnungen plagten mich, vielleicht spürte ich, dass Harald und mir nicht mehr viel gemeinsame Zeit blieb.

Ich war froh, dass er bei diesem ersten Besuch im

neuen Jahr Appetit zeigte. So konnte ich ihm wenigstens einen kleinen Genuss bereiten. Er aß Mousse au Chocolat und trank frisch gepressten Orangensaft. Wie jedes Jahr hatte ich zu Weihnachten für Harald seinen geliebten Kaviar besorgt. Die Freude am Genuss dieser Delikatesse war ihm offenbar nicht abhanden gekommen.

Haralds ausgeglichene Stimmung hielt an diesem Tag jedoch nicht lange an. Nach dem Essen wurde er ungeduldig und stand auf. Ich stützte ihn, wollte ihn zum Esstisch im Wohnraum begleiten, doch er wehrte sich dagegen.

Auf dem Weg nach Hause spürte ich, wie mich eine große Traurigkeit überkam. Meine Freundin Carin hatte mich begleitet. Sie tat es Harald und mir zuliebe, auch wenn sie mit mir litt. In ihrer Gegenwart konnte ich mir den Kummer von der Seele reden. Ich fühlte mich wie in einem Hamsterrad gefangen. Es waren immer dieselben Themen, die mich beschäftigten. Seit viereinhalb Jahren hing das Damoklesschwert nun schon über uns, und zunehmend wurde mir bewusst, dass jeder Abschied der letzte sein konnte.

Das Jahr 2005 würde für Oliver und mich eine einschneidende Wende mit sich bringen. Unabänderlich nahm das Schicksal seinen Lauf, mit allen Konsequenzen. Es war ein schmerzlicher Prozess, sich der Wahrheit zu stellen. Am schmerzhaftesten aber war es, Harald leiden zu sehen.

Oliver begleitete mich bei meinem nächsten Besuch zum Katharinenhof. Nach den letzten traurigen Eindrücken war mir angst und bange. Erfreulicherweise saß Harald am Tisch und begrüßte uns.

An diesem Tag war er sehr mitteilungsbedürftig. Er schien eine eigene Sprache entwickelt zu haben, durchsetzt von klaren Worten. Auch stellte er Fragen, die ich meinerseits nur durch Vermutungen beantworten konnte. Dies war die einzige Möglichkeit, mit ihm zu kommunizieren. Ich versuchte, ihm in seine Welt zu folgen und zu erahnen, was ihn beschäftigte. Kein Arzt konnte mir sagen, wie Haralds Gehirn funktionierte und was in ihm vor sich ging. Nur in einem war Harald völlig klar: Wenn ihm etwas missfiel, reagierte er eindeutig und unmissverständlich. Es war unglaublich.

Zwei Stunden hielt Harald durch, zwei kostbare Stunden, in denen unsere kleine Familie vereint war. Wir blieben bei ihm, bis er in den Schlaf des Gerechten sank.

Das Bedürfnis, an Haralds Seite zu sein, wuchs von Tag zu Tag. Wenn er bei unserem Eintreffen noch schlief, streichelte ich seine Wange, die Hände, bis er aufwachte und lächelte. Löffelweise gab ich ihm Orangenmousse zu essen, und er genoss es bei geschlossenen Augen. Mit unserer Hilfe machte er ein paar Schritte durchs Zimmer, aber es zog ihn zurück in sein Bett.

Ich entzündete eine Duftkerze, und im Hintergrund sang leise Frankie Boy. Trotz aller Hoffnungslosigkeit spürte ich ein Gefühl des innigen Beisammenseins. Als wir uns später verabschiedeten, sagte ich leise »Nachti« zu ihm, und er erwiderte deutlich: »Nachti.«

Ende Januar hatte ich spontan die Idee, Harald eine seiner drei Goldenen Kameras mitzubringen. Ich war gespannt, wie er darauf reagieren würde. Bereits 1981 und 1996 hatte er die Auszeichnung in der Kategorie »Bester Schauspieler« erhalten.

Die Goldene Kamera gilt als einer der begehrtesten Medienpreise Deutschlands und wird seit 1965 von der Programmzeitschrift *Hörzu* verliehen. Mit dieser Trophäe werden nationale und internationale Künstler für herausragende Leistungen in Film und Fernsehen ausgezeichnet. Am 8. Februar 2000 erhielt Harald die Goldene Kamera in der Kategorie »Ehrenpreis Lebenswerk«. Sichtlich gerührt, voller Stolz und überglücklich nahm er auf der Bühne des Konzerthauses am Gendarmenmarkt seine dritte Goldene Kamera entgegen. Dies war die Krönung seiner erfolgreichen Karriere.

Ebenfalls mit dem Ehrenpreis wurden Brigitte Mira und Günter Pfitzmann ausgezeichnet.

Als Oliver und ich sein Zimmer betraten, saß Harald angezogen im Sessel, als habe er uns schon erwartet. Vorsichtig packte ich die Goldene Kamera aus und stellte sie in Sichtweite mitten auf den Tisch. Intensiv betrachtete er sie. Mit einem Leuchten in den Augen und in erhobenem Ton sagte er: »Goldene Kamera.«

Wir waren fassungslos und überrascht zugleich. Es waren die einzigen deutlichen Worte, die er an diesem Nachmittag von sich gegeben hatte, außer einem verwaschen klingenden »Munel«.

Damit war alles gesagt.

Der Februar zeigte sich von seiner nasskalten und ungemütlichen Seite. Ich erledigte die Post und was sonst noch im Haushalt anfiel.

Eine unerwartete Hiobsbotschaft aus dem Katharinenhof riss mich aus dem Gleichgewicht. Die Heimärztin empfahl, wegen Haralds Schluckbeschwerden und seines Gewichtsverlusts eine Magensonde legen zu lassen.

Wieder ein Schlag ins Gesicht. Bitte, nicht auch das noch!, dachte ich.

Ich fühlte mich mit der Entscheidung überfordert. Würde Harald darunter leiden? Ich bat die Ärztin um Bedenkzeit. Um mich darüber zu informieren, rief ich den Chefarzt des Krankenhauses an und war dankbar, dass er sich die Zeit nahm, ein aufklärendes Gespräch zu führen. Es galt den Nutzen abzuwägen.

Das Legen der »perkutanen endoskopischen Gastrostomie« (PEG), wie der Fachausdruck heißt, sei nicht ganz ohne Risiko für Harald, erklärte mir der Arzt, da es ein operativer Eingriff sei, der in seinem Fall wohl unter einer Kurznarkose erfolgen müsse. Noch konnte man nicht vorhersagen, welche Folgen damit verbunden sein würden. Im Normalfall war das Legen einer PEG kein gefährlicher Eingriff.

Da Harald noch bewusst orale Nahrung aufnehmen konnte, kamen wir schließlich überein, dass er mit konventioneller Kost vorerst nicht verhungern würde. Schließlich waren es andere gravierende Faktoren wie das Prostatakarzinom, die ihn stark abmagern ließen, und nicht die Demenz selbst.

Ich versuchte mich mit aller Kraft zu besänftigen und

sprach mit der Logopädin, die vorgeschlagen hatte, mit Harald eine Therapie gegen die Schluckbeschwerden einzuleiten.

Je länger ich über die Magensonde nachdachte, desto mehr sperrte sich etwas in mir dagegen. Solange Harald am Tisch sitzen, trinken und essen konnte, sollte man es dabei belassen. Es war doch beinahe alles, was sein Leben noch lebenswert machte. Meine Gedanken kreisten unaufhörlich um das Thema. Ich wollte auf keinen Fall, dass Harald leiden musste.

Ist es nicht unmenschlich, einen Prozess zu verlängern, wenn das Leben kein wirkliches Leben mehr ist und die Hoffnung auf Besserung schon lange gestorben ist? Eines wusste ich mit Sicherheit: dass Harald, wenn er für sich hätte entscheiden können, schon längst den Wunsch geäußert hätte, so nicht mehr leben zu müssen.

⚜

Bei meinem nächsten Besuch begleitete mich Carin. Wie zum Trotz saß Harald am Tisch beim Mittagessen und aß mit Appetit. Wir gingen mit ihm in sein Zimmer, um uns in Ruhe ihm zu widmen. Ich hatte ein paar Leckereien mitgebracht, die Harald nach und nach verputzte. Dann legte ich CDs von ihm auf. Harald lächelte zufrieden. Ich hielt ihm meine Wange hin und sagte »Kussi«, da küsste er mich spontan. Ein Augenblick, ganz so wie früher.

Als wir uns an diesem Abend verabschiedeten, war ich weniger bedrückt als sonst, da Haralds Zustand weit stabiler war als erwartet. Ich fühlte mich darin bestärkt, vorerst mit dem Legen einer Magensonde noch abzuwarten.

Gleichzeitig war mir klar, dass sich seine Verfassung unvermittelt ändern konnte. Schon ein Jahr zuvor war er in einem kritischen Zustand gewesen. Es war ein langes, oft grausames Abschiednehmen. Ein einziger Trost blieb: Harald wusste nicht, dass er nur mehr eine Hülle seiner selbst war. Irgendwie musste ich mir einen Weg aus der Traurigkeit bahnen.

Niedergedrückt fuhr ich mit Carin nach Hause. Ich war unendlich dankbar, dass sie mir zur Seite stand.

In der darauffolgenden Woche erhielt ich einen Anruf aus dem Katharinenhof. Harald musste wegen akuter Dehydrierung ins Krankenhaus eingewiesen werden.

In der Klinik lag Harald teilnahmslos im Bett. Ich streichelte und tätschelte ihn wie gewohnt, stellte das Kopfteil höher und fing an, ihn löffelweise mit Eis zu füttern. Eine gute Idee! Peu à peu wurde er wacher. Endlich registrierte er mich und begann zu erzählen. Ich hatte nicht den Eindruck, dass er wusste, wo er war. Wichtig allein war, dass er wieder mit ausreichend Flüssigkeit versorgt wurde.

Erwiesenermaßen versiegt im Endstadium der Demenz das Verlangen nach Essen und Trinken sukzessive und somit auch langsam die Lebenskraft.

Auch bei unserem nächsten Besuch im Krankenhaus zeigte Harald keine wesentliche Besserung. Behutsam weckte ich ihn und flößte ihm esslöffelweise Orangensaft ein. Der Rachen und seine Schleimhäute waren völlig ausgetrocknet. Er tat mir so leid.

Allmählich kam er zu sich. Sein Blick schien erst mich und dann auch Oliver wahrzunehmen. Es war, als wolle er sagen: »Schön, dass ihr da seid!«

Dann fing er an zu erzählen. Zwischendurch gab ich ihm teelöffelweise Vanillepudding – er aß einen ganzen Becher leer!

Später kam der Oberarzt und brachte erneut das Gespräch auf eine PEG. Mithilfe einer Lokalanästhesie und einer Beruhigungsspritze plante er, das Risiko einer Vollnarkose zu vermeiden.

Haralds Verfassung hatte sich so weit verschlechtert, dass wir zur Einwilligung bereit waren. Er würde nichts spüren, hatte der Arzt uns versichert und mir damit eine meiner Sorgen genommen.

Nach meinem Besuch im Krankenhaus zog ich mich in meinen Kokon zurück. Ich mied immer mehr die Öffentlichkeit und suchte die Stille, um Kraft zu schöpfen. Der Garten war ein einziges Wintermärchen.

Am nächsten Morgen, dem 14. Februar, rief der Oberarzt an, um mir mitzuteilen, dass der Eingriff gut verlaufen sei. Mittels Röntgenaufnahmen war überprüft worden, ob die Sonde richtig lag. Ich war erleichtert.

Die PEG hatte den Vorteil, dass Harald kalorienreiche Nahrung und vor allem ausreichend Flüssigkeit zugeführt werden konnten. Die Einwilligung war unumgänglich gewesen. Was musste er doch alles über sich ergehen lassen!

Harald blieb zwei Tage zur Überwachung in der Klinik.

Zum Glück traten keine Komplikationen auf, und er erholte sich zusehends. Mithilfe einer Physiotherapeutin gelangen ihm wieder die ersten Schritte über den Flur. Es war ein Wunder! Wie so oft fragte ich mich, woher er die Kraft nahm, sich immer wieder aufzurappeln. Und es ging weiter aufwärts. Auch die Ergotherapie zeigte Erfolg. Eine Musiktherapeutin berichtete mir, dass Harald wieder den Takt vorgab.

Sosehr ich über seine Verfassung nachsann, durften mich die kleinen Lichtblicke nicht darüber hinwegtäuschen, wie schwer krank mein Mann war. Ich konnte und kann nur jedem Menschen empfehlen, frühzeitig eine Patientenverfügung aufzusetzen, damit einem ein späterer Leidensweg erspart bleibt. »Zwischen zu früh und zu spät liegt oft nur ein Augenblick« – dieses Wort von Franz Werfel hatte mich buchstäblich meine Erfahrung gelehrt.

Als Harald in den Katharinenhof zurückkehrte, wurde ein individueller Ernährungsplan mit täglich etwa 2000 Kalorien erstellt. Ich war gespannt, ob sich dies positiv auf sein Gewicht auswirken würde.

Neben seinem Bett war der Ständer mit der Sondennahrung aufgestellt worden. Auf dem Sideboard stapelten sich die Kartons mit Nahrung und diversen Zubehörteilen für die nächsten Wochen. Wie sollte es nur weitergehen?

Vorsichtig versuchte ich Harald munter zu machen. Ab und zu öffnete er halb die Augen. Er hustete immer wieder, und ich stellte sein Kopfteil höher. Die Sondennahrung, so erklärte mir die Schwester, konnte durch den Magen in die Speiseröhre aufsteigen, was den Husten erklärte.

Wer nicht Ähnliches erlebt hat, kann sich nicht vorstellen, wie grausam es ist, ohnmächtig dem leidvollen geistigen und körperlichen Verfall des geliebten Menschen zusehen zu müssen. Nach dem Besuch bei Harald fühlte ich mich wie gelähmt. Blanke Angst beherrschte mein Denken. Mir war bewusst geworden, dass die Stunde des Abschieds nun unaufhaltsam näher rückte. Ich wollte nicht, dass mein Mann so erbärmlich leiden musste.

Dabei fragte ich mich, ob alles mit der Sonde in Ordnung war. In den beiden Tagen zuvor hatte Harald weit mehr Energie gehabt. Also rief ich tags darauf den Oberarzt im Krankenhaus an und schilderte ihm Haralds Zustand. Er versprach, im Katharinenhof nachzufragen.

Auch ich hakte nach, doch man beruhigte mich, Haralds Husten sei besser geworden. Ich hatte den Eindruck, als wolle niemand mir die Wahrheit sagen. Und dieses Gefühl sollte sich bewahrheiten.

Gegen 19.30 Uhr erhielt ich einen Anruf: Harald musste wegen akuter Atemnot mit dem Notarztwagen ins Krankenhaus gebracht werden. Blitzartig fuhr mir der Schock in die Glieder. Ich bat darum, mich sofort zu benachrichtigen, wenn Harald in der Klinik eingetroffen sei. Gott sei Dank erreichte ich Oliver, sodass wir sofort zu ihm fahren konnten. In Windeseile packte ich meine Tasche, um gegebenenfalls im Krankenhaus übernachten zu können.

Welch ein erbarmungswürdiger Anblick! Harald wirkte apathisch und schlug kaum die Augen auf. Das einzig Tröstliche war das Gefühl, dass er unsere Anwesenheit doch noch spürte. Ich war mir ganz sicher, auch wenn es kaum zu ertragen war, an seinem Bett auszuharren und ihn leiden zu sehen.

Ich stand wie vor einem Abgrund. Das Bewusstsein scheint sich in solchen Situationen gegen jegliche rationale Einsicht zu sträuben. Es war ein einziges Bangen und Flehen, das einer endlosen Folter gleichkam.

Die Nacht verbrachte Harald relativ stabil ohne künstliche Beatmung, aber mit zusätzlicher Sauerstoffgabe. Sein Zustand auf der Intensivstation blieb kritisch.

Zwei Tage darauf hatte Haralds Verfassung sich Gott sei Dank gebessert. Ich hatte eine schlaflose Nacht zu Hause verbracht. Als ich anrief, erzählte mir die Stationsschwester, seine Atmung habe sich stabilisiert, und er sei auch schon aufgestanden und mithilfe einer anderen Schwester ein paar Schritte gegangen. Mir fiel ein Stein vom Herzen. Sie riet mir, nach den belastenden Tagen eine Pause einzulegen, um mich etwas zu erholen. So entschloss ich mich, am Abend ein Klavierkonzert mit Hélène Grimaud zu besuchen. Es war eine Wohltat, sich den Kompositionen von Chopin und Rachmaninow hinzugeben, eineinhalb Stunden abzuschalten und ein wenig zu entspannen.

Am nächsten Morgen lautete die Schlagzeile: »Es geht ihnen sehr schlecht – Juhnke und Mira im Krankenhaus«. Zu allem Überfluss tauchte nun also auch wieder die Presse auf. Ich überlegte, wie wir den Paparazzi ausweichen konnten. Dann kaufte ich Blumensträuße für Harald und die Schwestern. Zum Glück gelangten wir wie geplant ungesehen über die Rettungsstelle auf die Krankenstation.

Harald ging es den Umständen entsprechend. Ich streichelte seine Hand. Als Oliver ihn begrüßte, lächelte Harald ihn an, ein Zeichen, dass er ihn erkannte.

Die Ernährung wurde über die Sonde fortgesetzt und schien Harald bei Kräften zu halten. Ich war erleichtert! In dieser Nacht konnte ich wieder schlafen.

Tags darauf ging es Harald so weit besser, dass er nach ärztlicher Verordnung zusätzlich mit pürierter Nahrung versorgt werden konnte. Eilig presste ich Orangen aus, kochte Grießpudding und bereitete eine Mousse au Chocolat zu. Wieder gelangten wir über die Rettungseinfahrt unbehelligt ins Krankenhaus.

Dort traute ich meinen Augen kaum. Harald saß frischgemacht am Tisch. Er wirkte erstaunlich wach. Nachdem ich ihn begrüßt hatte, packte ich die Speisen aus. Harald griff danach und musste ein unbändiges Verlangen haben, normal zu essen und zu trinken. Ich konnte es gut nachempfinden, war er doch immer ein Süßschnabel gewesen.

Am meisten verblüffte mich, dass Harald relativ deutlich sprach und auch reagierte. Es war unheimlich und beglückend zugleich. Er versuchte immer wieder aufzustehen. Mithilfe einer Schwester gingen wir zur Tür und wieder zurück, bis seine Unruhe sich legte.

Oliver brachte ihm ein Eis am Stiel mit, und Harald schleckte genüsslich. Danach begann er zu erzählen. Ich gab ihm die *Bunte* und die *Gala,* aber er sagte:

»Interessiert mich nicht« und schob sie beiseite. »Ich will lieber Sinatra hören.« Seit Langem hatte ich meinen Mann nicht mehr so klar sprechen hören. Unglaublich, ein Wunder.

Gegen 20 Uhr baten die Schwestern, Harald bettfertig machen zu dürfen. An diesem Tag verließen wir ihn beruhigt, als er am Einschlafen war.

Bei aller Tragik hatten wir in den vergangenen Stunden glückliche Momente miteinander erlebt. Wie relativ Glück doch sein kann, dachte ich, als der Tag zu Ende ging.

&

Am 1. März brachte *RTL Exclusiv* einen kurzen Beitrag, dass Harald im Krankenhaus liege und künstlich ernährt werde. Mittags läutete das Telefon. Eine Journalistin fragte, ob es stimme, dass Harald im Krankenhaus sei. Ich gab ihr zu verstehen, dass ich keine Auskünfte erteilen würde. Sie aber ließ nicht locker, sagte, sie habe Informationen, ich sei in einem Blumengeschäft gewesen und hätte mir Traueranzeigen angesehen. Ich gab ihr zu verstehen, ich würde meinen Anwalt einschalten, wenn sie solche Gerüchte verbreite. Es war unglaublich. Ich brauchte meine Energie wahrlich für anderes.

Harald blieb in diesen Tagen recht stabil und konnte wie geplant in den Katharinenhof zurückkehren. Die gewohnte Umgebung und die vertrauten Menschen taten ihm offenkundig wohl, und die Heimärztin und die Pflegerinnen freuten sich, Harald in so gutem Zustand wiederzusehen.

Ich war heilfroh, als er Oliver und mich bei unserem

Besuch mit strahlenden Augen begrüßte. Ich wäre todtraurig, würde er uns nicht mehr erkennen. Auch wenn Harald an unserem Leben schon lange keinen Anteil mehr nahm, weil er ganz in seiner eigenen Welt lebte, konnten wir ihm mit unseren Besuchen und durch die körperliche Nähe, wenn ich ihn streichelte, das Gefühl geben, dass wir für ihn da waren. Wir blieben ihm vertraut – solange er uns erkannte.

Immer wieder machte ich mir Gedanken über diese heimtückische Krankheit. Harald war sich nie bewusst, ein schwerer Pflegefall zu sein. Er litt nicht an geistiger Umnachtung, sondern an totalem Realitätsverlust. Umso überraschender war es, wie viele Gefühlsregungen, wie Freude oder Unwillen, er noch zeigte.

Und es gab die Momente der Klarheit.

Als wir uns das nächste Mal sahen, saß Harald mit seinen Mitbewohnern im Gemeinschaftsraum. Immer wieder hustete er, was ihn sehr anstrengte. Ich gab ihm zu trinken, dann führte ich ihn langsam in sein Zimmer. Das Laufen wurde immer beschwerlicher. Als er in seinem Ohrensessel saß, fielen ihm die Augen zu. Er wollte so viel erzählen, doch ich verstand ihn nicht. Ich motivierte ihn weiterzureden, und nach und nach wurde seine Aussprache deutlicher. Nach etwa zwei Stunden verstand ich Bruchteile. Ein Satz machte mich glücklich und unendlich traurig zugleich: »Ich liebe dich noch immer.«

Unter Tränen antwortete ich ihm: »Ich dich auch!«

Zu Hause sah ich mir Haralds Pflegedokumentation an. Nachts erhielt er Flüssigkeit und Nahrung über die PEG. In gewissen Abständen wurde er umgelagert. Meistens schlief er bis mittags. Anschließend wurde er frischgemacht, angezogen und in den Sessel im Gemeinschaftsraum gesetzt. Eine Physiotherapeutin machte Bewegungsübungen mit ihm. Tagsüber erhielt er zusätzlich Flüssigkeit und pürierte Nahrung.

Ich zerbrach mir den Kopf darüber, was ich ihm noch mitbringen könnte, um ihm wenigstens ein paar Gaumenfreuden zu bieten. Wie froh war ich, dass er zusätzlich wieder orale Nahrung bekam. Ich mochte mir nicht vorstellen, dass Harald nur noch künstlich ernährt werden müsste. Niemand verdient es, derart freudlos dahinzuvegetieren!

Eine künstliche Ernährung bedeutet eine lebensverlängernde Maßnahme. Als Betreuerin müsste ich meine Einwilligung dazu geben und geriet deshalb mehr und mehr in innere Konflikte. Was war richtig, was war falsch? Wer hat über lebensnotwendige Maßnahmen zu entscheiden?

Am 8. März 2005 war Brigitte Mira verstorben. Zwischen Harald und ihr hatte eine ehrliche und herzliche Verbundenheit und Achtung füreinander bestanden. Im Januar 2000 hatten Biggi und Haraldchen, so nannte sie ihn immer liebevoll, ihren letzten gemeinsamen Fernsehfilm gedreht: *Ein lasterhaftes Pärchen,* gemeinsam mit Günter Pfitzmann unter der Regie von Wolf Gremm. Im April darauf feierten wir Brigitte Miras neunzigsten Geburtstag mit vielen Kollegen und Freunden mit einer großartigen Gala, die ihr zu Ehren stattfand.

Vier Tage nach ihrem Tod brachte das Fernsehen *Ein lasterhaftes Pärchen* mit Biggi als Käthe Mühlmann und

Harald als Hubert, ihren Ehemann. Der Inhalt lehnte sich an einen Roman von Andreas Anatol an: Obwohl Käthes Mann schon seit zehn Jahren tot ist, lieben sie sich noch immer, und sie vertraut ihm nach wie vor all ihre Kümmernisse an. Schließlich kehrt er aus dem Jenseits zurück, um ihr in einer heiklen Familienangelegenheit zur Seite zu stehen.

Es war ein seltsames Gefühl, beinahe makaber, den Film zu sehen.

Für die Zuschauer aber bleiben die beiden durch ihre wunderbaren Fernsehfilme und -serien in Erinnerung. Auch mir ging es so mit früheren Kollegen. Wenn ich sie im Fernsehen sah, blieben sie unsterblich.

Die Trauerfeier für Brigitte Mira fand in der Kaiser-Wilhelm-Gedächtniskirche statt. Schon länger hatte ich die Kirche nicht betreten, und ich konnte den Gedanken nicht verdrängen, dass auch Oliver und mir der Weg dorthin in naher Zukunft nicht erspart bleiben würde. Es war eine würdige Trauerfeier mit ehemaligen Kollegen und Lebenswegbegleitern, die ihr die letzte Ehre erwiesen. Bei der Beerdigung auf dem Luisenfriedhof warf ich stellvertretend für Harald eine Rose in ihr Grab.

Mitte März musste ich schweren Herzens mit ansehen, wie Haralds Allgemeinzustand sich von Tag zu Tag verschlechterte. Ich konnte nicht mehr für ihn tun, als ihm Nähe zu schenken. Noch immer erkannte er Oliver und mich, doch ich hatte das Gefühl, dass ihn die Besuche in letzter Zeit sehr anstrengten.

Am Karfreitag besuchte ich Harald mit meiner Freundin Doris. Sie war erschüttert, ihn so abgemagert zu sehen. Unermüdlich streichelte sie ihn, als könnte es das letzte Mal gewesen sein.

Ostermontag begleitete mich Carin zu Harald. Es war der 28. März. Harald saß teilnahmslos im Sessel im Wohnbereich. Er registrierte wohl, dass wir da waren, aber sein Gesichtsausdruck war leer, und er war nur noch ein Schatten seiner selbst. Wir brachten ihn zu Bett. Immer wieder wachte er mit angsterfüllten Augen auf und rang nach Luft. Sein Anblick sprach für sich, als wollte er sagen: »Quält mich nicht mehr, lasst mich in Frieden einschlafen.«

Am nächsten Morgen, es war der 29. März, wachte ich ganz verstört auf. Ich hatte geträumt, dass Harald tot sei. Ich versuchte, mich an Details zu erinnern, sah mich in einer kleinen Gruppe von vertrauten Menschen stehen. Mehr fiel mir nicht ein. Angsterfüllt rief ich im Katharinenhof an, um zu hören, wie es Harald ging. Seine Verfassung war unverändert. Sollte mein Traum eine Vorahnung gewesen sein?

Am 30. März wurde ich informiert, dass Harald wegen akuter Atemnot in die Notaufnahme gebracht worden war. Umgehend machte ich mich mit Oliver auf den Weg in die Klinik.

Der Oberarzt und der Chefarzt erwarteten uns bereits. In einem ausführlichen Gespräch klärten sie uns über den ernsthaften Zustand von Harald auf. Einfühlsam vermittelte man uns, dass wir mit dem Schlimmsten rechnen müssten. Diese erschütternde Tatsache traf Oliver und mich bis tief ins Mark.

Niedergeschlagen betraten wir Haralds Zimmer. Ich konnte mich dem ersten Eindruck nicht entziehen, so friedlich schlief er, wie in Morpheus' Armen.

Nur kurzzeitig öffnete Harald die Augen. In Abständen wurde er von Atemnot gequält. Es war für mich kaum noch zu ertragen. Ich schickte Oliver nach Hause und versprach ihm, ihn anzurufen, wann er mich abholen solle.

Allein mit Harald, über ihn gebeugt, streichelte ich ihn zärtlich, um ihn spüren zu lassen, dass ich an seiner Seite war.

In diesen leidgeprüften Stunden war ich mehr denn je mit meinem Mann vereint, so wie in den Stunden des Glücks und der Liebe, die er mir geschenkt hatte.

Immer wieder befeuchtete ich Haralds ausgetrocknete Mundhöhle mit wassergetränkten Wattestäbchen. Am liebsten hätte ich ihm etwas zu trinken gegeben, aber das wollte ich nicht riskieren. Ich war erstaunt, wie fest Harald noch meine Hand drücken konnte.

Es war schon nach 23 Uhr, als Oliver mit Carin zurückkam, um mich abzuholen, damit ich ein wenig schlafen konnte. Ich wollte Harald noch nicht so allein zurücklassen. Innehaltend standen wir an seinem Bett. Zwei Stunden später hatten auch die Atemkrämpfe nachgelassen.

Ich spürte, wie meine Energie nach einem langen Tag zur Neige ging, und beschloss, mit nach Hause zu fahren. Ich flüsterte Harald ins Ohr: »Jetzt gehen wir alle babern.« Das hatten wir zu Oliver in Kindersprache gesagt, als er noch klein war, wenn er schlafen ging.

Harald hatte mich wohl verstanden, und ein flüchtiges Lächeln huschte über sein Gesicht.

Der nächste Tag verlief nicht weniger besorgniserregend. Beklommen standen Oliver und ich an Haralds Bett. Die Schwestern ließen uns mit ihm allein. Mich beschlich ein nie dagewesenes Gefühl: Sollte der Kampf um sein Leben bereits verloren sein?

Die Ärzte hatten erwogen, Harald am folgenden Tag auf die Palliativstation zu verlegen. Noch am selben Abend packte ich meine Sachen zusammen, um die kommenden Tage bei Harald im Zimmer übernachten zu können. Es stand zu fürchten, dass es seine letzten sein könnten ...

Am frühen Morgen des 1. April läutete das Telefon. Ein Anruf aus dem Krankenhaus.

Mein Mann hatte für immer die Augen geschlossen.

# ELFTES KAPITEL

## »Er war einer von uns« –
## Abschied nehmen

*Wenn ihr mich sucht, so sucht mich*
*in euren Herzen.*
*Habe ich dort eine Bleibe gefunden,*
*bin ich immer bei euch.*

MILEAD A. YOUSEF SHALIN

Nie erlebte ich solche Stille und Frieden. Alles, was ich im Moment empfinde, ist: Erlösung – für Harald und für mich. Heute habe ich verstanden, was es bedeutet, wenn man von der »Gnade der Erlösung« spricht. Gott hatte Harald die Kraft zum Sterben gegeben, mochte er uns die Kraft zum Leben geben.

Noch konnte ich das Unfassbare nicht begreifen. Mich überkam eine Gefühlsstarre, dass ich nicht einmal weinen konnte. Es herrschte buchstäblich Totenstille im Haus.

Nach der ersten Tasse Kaffee kehrte peu à peu wieder Besinnung ein. Wie in Trance zündete ich Kerzen an. Dass Harald nicht mehr am Leben sein sollte, konnte ich noch nicht realisieren.

Wen sollte ich als Erstes anrufen? Es war noch so früh …
Mir fiel ein, dass meine Freundin Carin an diesem Morgen in den Urlaub fliegen wollte. Ich erreichte sie auf ihrem Handy und hörte ein fröhliches »Guten Morgen«. Ich wollte ihr vermitteln, dass Harald friedlich eingeschlafen war, sodass sie beruhigt abreisen konnte. Sie aber sagte nur: »Ich komme gleich in die Lassenstraße.«

Mein nächster Gedanke: Wie sage ich es meinem Sohn? So schwer es mir auch fiel, ich musste Oliver anrufen. Schließlich erreichte ich ihn auf dem Handy. »Papa ist ist heute früh friedlich eingeschlafen«, sagte ich zu ihm.

Es muss ein Schock für ihn gewesen sein. Ein kurzes Schweigen, bis er antwortete: »Ich bin gleich da.«

Inzwischen traf Carin ein. Ohne Worte fielen wir uns innig in die Arme. Unser beider Stimmung war gefasst. Es war so unwirklich, was knapp zwei Stunden zuvor geschehen war. Auch wenn wir schon länger mit Haralds Ableben hatten rechnen müssen, traf es uns vollkommen unerwartet.

Schließlich kam Oliver mit seiner Freundin. Ich konnte ihn nur fest in die Arme nehmen und noch immer keine Träne weinen. Es war, als wollte ich die Realität nicht an mich heranlassen.

Was war nun zu tun? Wie lange konnten wir warten, um die Nachricht bekannt zu geben?

Beim Gedanken an die Presse wurde uns klar, dass wir nicht in der Lassenstraße bleiben konnten. Carin schlug vor, zu ihr zu gehen, damit wir den sensationslüsternen Reportern entgehen konnten.

Um planmäßig vorzugehen, rief ich als Erstes im Krankenhaus an und vergewisserte mich, ob Harald dort bleiben konnte, bis wir weitere Entscheidungen getroffen hatten. Als Nächstes packte ich die notwendigsten Sachen zusammen.

Plötzlich löste sich etwas in mir, und ich ließ den Tränen freien Lauf. Als hätte sich eine innere Blockade endlich aufgelöst.

Als ich mich wieder ein wenig gefasst hatte, setzten wir uns gemeinsam an den Tisch, um das weitere Vorgehen zu erörtern. Wer sollte die Nachricht von Haralds Tod an die Öffentlichkeit geben? Es galt, die nächsten Verwandten und enge Freunde anzurufen, Traueranzeigen zu entwerfen und drucken zu lassen, die Trauerfeier zu planen, Listen der Trauergäste zu erstellen, die Anzeigen zu versenden ... Alles stürzte auf uns ein.

Bevor wir das Haus verließen, rief ich Haralds Manager Peter Wolf an, um ihm die traurige Nachricht zu übermitteln. Mit Fassung nahm er es zur Kenntnis. Ich bat ihn, in meinem Namen die dpa zu informieren. Anschließend fuhr ich mit Carin los. Über das Autoradio hörten wir bereits die Meldung von Haralds Tod. Wie ein Lauffeuer hatte sich die Nachricht in allen Medien verbreitet. Carins Angebot war für uns die perfekte Lösung gewesen. Welchen Dienst sie uns damit erwiesen hatte, ahnte ich zu dem Zeitpunkt noch nicht.

Ich benachrichtigte meine Brüder, die engsten Freunde, dann konnte ich nicht mehr.

Peter Wolf, der langjährige Manager und Vertraute meines Mannes, wurde mit seiner Firma Lobomedia und dem gesamten Team zur Schaltzentrale, um die Vorbereitungen der Beerdigung in den folgenden Tagen zu koordinieren. Ich flüchtete mich in Aktivitäten. Die Organisation der Trauerfeier für Harald in allen Details war mir eine Herzensangelegenheit. Carin und Oliver waren mir eine große Hilfe und Stütze. Zwei Tage lang verfasste ich Adresslisten für die Traueranzeigen. Darüber hinaus musste die Sitzordnung für die Familie und die engsten Freunde in der Kaiser-Wilhelm-Gedächtniskirche erstellt, die TV-Übertragung im Auftrag des ZDF organisiert und bei Rednern und Solisten angefragt werden: der Regierende Bürgermeister Klaus Wowereit, ZDF-Intendant Markus Schächter, Thomas Gottschalk, der legendäre Leiter der SFB Big Band Paul Kuhn, die Sopranistin Anna Maria Kaufmann …

Das Traurigste war die Überführung und Sargeinbettung. Der Bestatter kam mit diversen Unterlagen und präsentierte uns eine Auswahl verschiedener Fotos von Särgen. Wir waren einhelliger Meinung: Ein schwarzer Lacksarg sollte es sein.

Vier Tage nach Haralds Tod schlichen Oliver, Carin und ich uns auf den Waldfriedhof Dahlem, um die Grabstelle für Harald auszusuchen. Der Berliner Senat hatte für Harald vorzeitig eine Ehrengrabstelle gewährt. Normalerweise werden Ehrengräber erst fünf Jahre nach dem Tod bewilligt.

Als wir die breite Allee entlanggingen, versank die Sonne glutrot am Horizont. Wir hatten uns entschieden, wo Harald zur letzten Ruhe gebettet werden sollte.

Am 7. April holte Oliver seinen Vater gemeinsam mit dem Bestatter aus dem Krankenhaus ab. Der Leichenwagen fuhr ein letztes Mal vorbei an den Orten, mit denen Harald zu Lebzeiten verbunden war: Unter den Linden über den Gendarmenmarkt, das Schauspielhaus, das Brandenburger Tor, das Maxim-Gorki-Theater, die Gedächtniskirche, über den Kurfürstendamm, das Renaissance-Theater, die Komödie, das Theater am Kurfürstendamm und entlang der Koenigsallee zur Lassenstraße an unserem Haus vorbei. Jeweils ein Hupen ertönte zum Abschied.

Es berührte mich tief, als Oliver mir davon später erzählte. Harald hätte diese Geste gewiss gefallen.

Am nächsten Abend fuhr ich mit Oliver und Carin in das Bestattungsinstitut, um in aller Stille Abschied von Harald zu nehmen. Es war am 8. April, unserem vierunddreißigsten Hochzeitstag.

Der Trauergottesdienst fand am nächsten Vormittag um 10.30 Uhr in der Kaiser-Wilhelm-Gedächtniskirche statt. Früh um sieben stand ich auf. Meine Nervosität stieg, ich musste mir selbst Mut zusprechen.

Vor Carins Haus standen die Fahrzeuge bereit, um Oliver, seine Freundin, unseren Arzt Dr. Moschiry, Carin und mich abzuholen. Der damalige Direktor der Mercedes-Benz-Niederlassung, Walter Müller, hatte einen Limousinen-Service zur Verfügung gestellt, um meinem Mann die letzte Ehre zu erweisen.

Schon am Tauentzien hörte ich das Glockengeläut.

Um 10.30 Uhr fuhren wir vor. Eine riesige Menschenmenge harrte vor der Kirche aus. Hunderte von Trauer-

193

gästen hatten sich eingefunden, um von Harald Abschied zu nehmen. Das ZDF übertrug die Trauerfeier live im Fernsehen. Auf einer Großbildleinwand konnten die Menschen draußen vor der Kirche den Trauergottesdienst mitverfolgen.

Ein Gefühl von innerer Ruhe und Stärke durchströmte mich. Ich wusste, wenn ich jetzt aus dem Wagen stieg, würde alles wie ein Film vor meinem geistigen Auge ablaufen. Dieser Abschied sollte endgültig sein. Ich wollte den Weg aufrecht beschreiten.

Als wir aus der Limousine stiegen, empfing uns Blitzlichtgewitter. Ich sah nichts mehr, hörte nur noch Stimmen und vernahm das klickende Geräusch der Kameras. Wie von selbst schien ich dem Kirchenportal entgegenzuschweben, und ich wusste, dass Pfarrer Knut Soppa uns am Portal in Empfang nehmen würde. Es waren nur noch Sekunden, bis die Orgel einsetzte.

Mein Blick wurde vom Altar angezogen. Der schwarz lackierte Sarg davor war mit einem Rosenteppich bedeckt. Auf der Kranzschleife stand: »Alles bezwingt die Liebe – Leb wohl in Frieden«. Ein Meer von Blumenkränzen umsäumte den Sarg. Die Kerzen tauchten den Innenraum in ein feierliches Licht. Neben dem Sarg stand ein übergroßes Schwarz-Weiß-Foto von Harald, mit seinem unverkennbaren Lächeln im Gesicht.

Oliver und der Pfarrer geleiteten mich an der Trauergemeinde vorbei zu unseren Plätzen in der ersten Reihe.

Nachdem der Trauermarsch in g-Moll verklungen war, sprach der Gemeindepfarrer Knut Soppa die Begrüßungs- und Eingangsworte. Der Regierende Bürgermeister Klaus Wowereit würdigte Haralds Schaffen als Volksschauspieler, Entertainer, Sänger und Komödiant und nannte ihn den »Frank Sinatra von der Spree«: »Wir verneigen uns vor einem Berliner Original und ganz besonders vor dem Menschen Harald Juhnke. Er war einer von uns.«

Auch der Intendant des ZDF, Markus Schächter, ehrte Harald als Ausnahmetalent und Aushängeschild des Senders: »Er lockte ein Millionenpublikum vor die Bildschirme, mehr als bei jedem Finale der Fußball-WM.«

Für mich waren es Momente zwischen Traum und Wirklichkeit. Es waren sehr persönliche, einfühlsame Gedenkworte – tröstliche Bekundungen der Verbundenheit.

Anschließend hielt Thomas Gottschalk einen bewegenden, fast aufheiternden Nachruf auf Harald:

*Dies ist die Woche, in der ein toter Märchenfürst aufgebahrt in Monaco liegt, in der wir den Nachfolger Petri zu Grabe getragen haben und in der wir uns von Deutschlands größtem Entertainer verabschieden.*

*Fast scheint es, als sei der liebe Gott es leid gewesen, sich im Himmel unter seinem Niveau amüsieren zu müssen. Er wird an Harald seine Freude haben. Und wer von uns aus der Zunft der Gaukler und Entertainer an die christliche Lehre der Auferstehung glaubt, der weiß auch, dass es vor Gott keine Zwei-Klassen-Gesellschaft gibt. Und wird mit einer gewissen Genugtuung zur Kenntnis nehmen, dass der fromme Mann aus Rom und der Spötter aus Berlin heute auf Augenhöhe vor ihrem Schöpfer stehen. Es ist nach seinem Tode viel von den zwei Seiten des Harald*

*Juhnke die Rede gewesen. Zusammen mit Millionen*
*anderen kannte ich nur die helle. Und nur die wollte er*
*uns eigentlich zeigen.*

*Auch als Kollege, der öfter mit ihm zusammengearbeitet hat,*
*fällt es mir nicht leicht, die rechten Worte für ihn zu finden,*
*denn er konnte so viel mehr als die meisten von uns. Er*
*hatte so viele Begabungen gleichzeitig, dass er, wie viele*
*große Talente, zwischendurch den Blick dafür verlor,*
*wo er eigentlich hin wollte. Film, Theater, Musik und*
*Showbühne – egal, was er tat, er wollte immer den*
*unbedingten Erfolg.*

*Wir haben einmal hier in Berlin bei einer Veranstaltung*
*hinter der Bühne darüber philosophiert, warum es uns nie*
*gelingen würde, Massenerfolg und seriöse Anerkennung*
*auf einen Nenner zu bringen. Vieles, was jetzt, nach seinem*
*Tod, über ihn geschrieben wurde, hätte er zu Lebzeiten*
*gerne gelesen. Aber schon damals tröstete er mich – und*
*sicher auch sich – mit der Erkenntnis: Das Wichtigste ist*
*das Publikum! Und warum er dies immer auf seiner Seite*
*hatte, war für mich nie ein Rätsel: Sobald Harald im*
*Scheinwerferlicht stand, arbeitete er fehlerfrei. Man ist*
*als Kollege nie 100 Prozent ohne Neid. Aber wenn Juhnke*
*auftrat, konnte keiner von uns auf die Idee kommen,*
*es besser zu können. Ja, mehr noch: Es kam nicht einmal*
*der Gedanke auf, es besser machen zu wollen. Weil er alles*
*richtig machte und man einfach nur Zuschauer sein wollte.*
*Geschriebene Sketche klangen bei ihm nicht nach Papier,*
*keiner kam die Showtreppe herunter wie er, und er brachte*
*mit seinen Auftritten auch in glanzlosere Produktionen*
*immer einen Hauch von Klasse. Und wenn das Publikum*
*auch nach der Show noch einen Teil von »seinem Harald«*

*wollte, hat er sich nicht verweigert. Da gab es keine*
*drängelnden Leibwächter und kein genervtes Flüchten.*
*Egal wo ihm einer zurief: »Ick bin doch aus Berlin«,*
*da reagierte er mit: »Na, denn komm mal her!«*
*Es mögen ihn Dämonen heimgesucht haben, wenn die*
*Showlichter ausgingen und er mit sich und seinen Zweifeln*
*alleine war. Er hat sie nun endgültig besiegt. Lassen Sie uns*
*den Menschen Harald Juhnke seiner Familie zurückgeben.*
*Wir wollen keine Bilder von seinen Abstürzen mehr sehen,*
*wir brauchen keine Histörchen mehr von seinen Eskapaden.*
*Wir wollen uns an einen großen Unterhalter erinnern,*
*der den Menschen in den vielen Jahren seiner Karriere viele*
*glückliche Stunden geschenkt hat. Dabei hat er mit seiner*
*Kunst das Beste aus ihnen herausgeholt: echte Gefühle. Das*
*Publikum hat über den Entertainer gelacht und geweint,*
*es hat den Menschen bewundert und mit ihm gelitten.*
*Und man mag es mir im Angesicht des Todes von zwei*
*Persönlichkeiten unserer Generation, die beide auf ihre Art*
*»Menschenfischer« waren, zugestehen, noch einmal einen*
*christlichen Grundgedanken aufzugreifen: »Was ihr dem*
*Geringsten meiner Brüder angetan habt, das habt ihr mir*
*getan.«*
*Harald Juhnke war ein Held der kleinen Leute. Er hat ihnen*
*viel gegeben. Und ich bin überzeugt, Harald, du wirst den*
*Lohn dafür erhalten.*
*Danke!*

Es folgte eine sehr persönliche Abschiedsrede von Dr.
Peer Juhnke für seinen Vater. In seiner anschließenden
Predigt fand Pfarrer Knut Soppa auch tröstende Worte.
Einer der bewegendsten Momente der Trauerfeier war,

als Paul Kuhn auf dem Flügel ein allerletztes Mal »My Way« für seinen Freund und Wegbegleiter intonierte. Viele waren zu Tränen gerührt. In diesem Augenblick spürten wir Harald in unserer Mitte. Als Anna Maria Kaufmann das »Ave-Maria« anstimmte, musste ich um Fassung ringen.

Nach dem Vaterunser und dem Segen wurde mit dem Präludium in c-Moll von J. S. Bach der Auszug des Sarges aus der Kirche eingeläutet, vorbei an einem Spalier von Abertausenden Menschen, die ihrem Harald respektvoll die letzte Ehre erwiesen hatten und ihm den letzten Applaus spendeten.

Der Ku'damm musste zeitweilig gesperrt werden, als der Bestattungskonvoi sich auf den Weg zum Waldfriedhof Dahlem machte.

Es war mein Wunsch gewesen, das letzte Geleit im engsten Familien-, Freundes- und Kollegenkreis zu vollziehen.

Noch einmal hielt ich am offenen Grab in einem Zwiegespräch mit Harald inne, um endgültig Abschied zu nehmen, und gab ihm meinen kleinen Rosenstrauß mit auf die Reise.

Am Ende kondolierten die Trauergäste mir und Oliver mit einer stummen Umarmung voller Mitgefühl. Es war ein tränenreicher Abschied in Zuneigung und Dankbarkeit.

Die überwältigende Anteilnahme spiegelte sich auch in den unzähligen Kondolenzbriefen wider. Politiker aller Parteien würdigten meinen Mann mit sehr persönlichen Worten und ließen ihre Erinnerungen an den außergewöhnlichen Menschen und begnadeten Künstler noch einmal aufleben.

Nach der Beisetzung hatten wir zu einem kleineren Empfang in das Theater am Kurfürstendamm gebeten, jenem Ort, an dem Harald auf der Bühne seinem Publikum zu Füßen lag. Von nun an würde sein Stern am Himmel erstrahlen.

Sämtliche Printmedien würdigten meinen Mann mit einem Nachruf seiner künstlerischen Laufbahn. Die *Superillu* publizierte sogar ein Sonderheft mit dem Titel »Die Unsterblichen« zum Tode von Papst Johannes Paul II., Fürst Rainier von Monaco sowie Harald.

Albert Schweitzer sagte einst: »Das schönste Denkmal, das ein Mensch bekommen kann, steht im Herzen der Mitmenschen.«

Ein besonderes Gefühl der Dankbarkeit weckte in mir meine Freundin Carin. Freunde in der Not – es gibt sie! Zehn Tage hatte sie mir Schutzasyl vor der Presse gewährt. Nachdem ich nach Hause zurückgekehrt war, schrieb ich ihr einen Brief:

BERLIN, 12. APRIL 2005

*Liebste Carin,*
*als ich am 1. April um 6.30 Uhr die Hiobsbotschaft bekam,*
*dass mein Harald für immer die Augen geschlossen hat,*
*fühlte ich mich wie erstarrt, meine Seele schwebte in*
*trauriger Finsternis, und mein Herz empfand unendlichen*
*Schmerz.*
*Plötzlich und unerwartet erschien ein Engel in Menschen-*
*gestalt und nahm mich zart in seine Arme. Dieser Engel*

*warst Du! In diesem Moment empfing ich ein Geschenk
des Himmels.*

*Vielleicht war es die Ironie des Schicksals, vielmehr ein
unverhoffter Glücksfall, denn ich erreichte Dich kurz vor
Deinem Abflug in den Oman.*

*Heute weiß ich, dass dieses Geschenk von Herzen kam.
In meiner einsamsten Stunde hast Du keine Sekunde
gezögert, Deinen Flug spontan abzusagen, um mir Beistand
zu leisten. Zum ersten Mal in meinem Leben habe ich
erfahren, was absolute Freundschaft bedeutet. Ich habe
mir nicht vorstellen können, dass ich es jemals in dieser
Konsequenz erleben würde.*

*Die liebevolle Zuwendung und die Geborgenheit, die wir
in Deinem Haus erfahren durften, hat uns den Schmerz
der Trauer leichter ertragen lassen.*

*Zudem fanden wir die notwendige Ruhe und Abschirmung
nach außen hin, um die Vorbereitungen für die Trauerfeier
und einen würdigen Abschied für Harald zu gestalten.*

*Verzeih, dass wir Dir so viel Stress aufgebürdet haben.
Trotzdem waren wir ein starkes und verschworenes Team.
Ich hoffe, dass ich Dir auch einmal so zur Seite stehen kann,
wie Du es für uns getan hast.*

*Du, liebe Carin, hast mir in den schweren Tagen unendlich
viel innere Kraft geschenkt, um den letzten schweren Gang,
den Abschied von Harald für immer, durchzustehen und
nicht im Meer der Tränen zu versinken.*

*Du hast mir den Weg geebnet, um Zuversicht und Mut
zu schöpfen und aus dem Dunkel wieder ans Licht zu
finden. Den ersten Schritt habe ich gewagt und Dein Nest
verlassen, um allein fliegen zu lernen.*

*Obwohl ich noch nicht wirklich begriffen habe, dass Harald*

*endgültig von mir gegangen ist, tröste ich mich mit dem*
*Bewusstsein, dass Harald jetzt erlöst ist und nicht mehr*
*leiden muss.*

*»Vielleicht bedeutet Liebe auch lernen,*
*jemanden gehen zu lassen,*
*wissen, wann es Abschied nehmen heißt.*
*Nicht zulassen, dass unsere Gefühle dem im Weg stehen,*
*was am Ende wahrscheinlich besser ist für die, die wir*
*lieben.«*
*Sergio Bambaren*

*In tiefer Dankbarkeit*
*Deine Susanne*

Ich hege keinen Zweifel daran, dass Harald sich in seiner Welt niemals bewusst war, welch tragisches Ende
sein Leben schrieb. Wissen wir es, ob sein Wunsch, auf
der Bühne zu sterben, nicht doch noch in Erfüllung ging?
Wenn auch nur für ihn selbst.

Er war und blieb ein Schauspieler, sein Leben lang.
Nur hatte er vergessen, dass ihm die Realität abhandengekommen war.

ZWÖLFTES KAPITEL

## »Schlaf gut, Harald« –
## Zeit der Trauer

*Das Sichtbare ist vergangen.*
*Was bleibt, ist die Liebe und die Erinnerung.*

Zwei Wochen waren seit Haralds Tod vergangen, als ich eines Morgens die Tür zum Garten öffnete. Die Sonne schien, und es roch nach Frühling. Mein Blick fiel auf die große Kastanie vor Haralds Fenster im Obergeschoss. Die Knospen waren aufgebrochen, und erste zarte Blätter entfalteten sich. Die Natur erwachte zu neuem Leben. Vielleicht sollte sie auch mir einen Impuls für mein eigenes Leben geben. Doch mit dem Tod eines geliebten Menschen stirbt auch ein Teil von einem selbst.

Noch immer erreichten mich Kondolenzbriefe. Gunter Sachs schrieb mir voller Anteilnahme:

*Schön, dass Harald sich entschlossen hat,*
*zum lieben Gott zu gehen.*
  *Ich umarme Sie*

Meistens ging ich abends zum Friedhof, um eine weiße Rose auf Haralds Grab zu legen. Es fiel mir schwer zu begreifen, dass er an diesem Ort nun zur ewigen Ruhe gebettet lag. Ein einziges Blumenmeer bedeckte die Grabstätte. Es berührte mich, wie viele Menschen Tag für Tag sein Grab aufsuchten, um Abschied zu nehmen. In den Herzen seines Publikums bleibt Harald unvergessen.

Wenn ich zurückdachte an die Trauerfeier, kam es mir vor, als sei sie eine Ewigkeit her. Die letzte Klappe war gefallen, und in mir machte sich eine große Leere breit. Nach der langen Zeit des Abschiednehmen-Müssens konnte ich nur hoffen, dass es mir gelingen würde, loszulassen.

Ich spürte eine totale Erschöpfung. In den vergangenen Jahren war ich kräftemäßig immer wieder über meine Grenzen gegangen. Ich musste zur Ruhe finden. Doch das ist nicht leicht, wenn man Jahre in Ängsten und Habachtstellung verbracht hat. Zudem stürzte eine Flut von Dingen auf mich ein, die ich aufarbeiten musste.

Täglich führte mich der Weg zum Friedhof. Drei Wochen waren seit Haralds Tod vergangen, als ich lange allein an seinem Grab verweilte. Es war kurz vor Sonnenuntergang. Einen Moment lang fühlte ich, wie wir eins waren. Liebe endet nicht mit dem Tod. Man fühlt sich in der Trauer gefangen über den Verlust.

Ich stellte zwei weiße Rosen in einer Vase auf das Grab. Die Kerzen in den beiden Laternen brannten. »Schlaf gut, Harald«, sagte ich und machte mich auf den Heimweg.

In jener Nacht konnte ich das erste Mal wieder ein wenig Schlaf finden.

In den kommenden Wochen nahm ich mir viel Zeit, um die Kondolenzpost zu lesen und für die große Anteilnahme und das Mitgefühl meine Danksagungen zu versenden.

Für viele meiner lieben Freunde wollte ich persönliche Worte finden. In gewisser Weise war es auch ein Stück der Trauerbewältigung. Die unzähligen Kondolenzbriefe waren für mich nicht nur Trost, sondern gaben mir zu verstehen, dass ich in meinem Schmerz nicht allein gelassen war.

Die Freitage wurden zu meinen stillen Gedenktagen, seit ich am 1. April die Nachricht von Haralds Tod erhalten hatte. Ruhe in Frieden ...

Wenn ich vom Friedhof nach Hause kam, spürte ich, wie das Gefühl der Leere und der Trauer mich wieder vereinnahmte. Über drei Jahre wohnte ich nun schon allein im Haus. Wie sehr vermisste ich unsere gemeinsamen Zeiten. Jetzt konnte ich auf einmal nichts mehr für ihn tun. Die gewohnten Besuche im Heim hatten ein abruptes Ende gefunden.

All die Fragen, mit denen man sich quält, wenn das Schicksal längst entschieden hat, ändern nichts mehr an den Tatsachen.

Anfang Mai erreichte mich ein Brief von Dr. Bernd Winkler, dem Chefarzt des Krankenhauses, in dem Harald gestorben war. Er erwiderte meine Danksagung und schrieb Oliver und mir:

*Liebe Frau Juhnke,*
*lieber Herr Juhnke,*
*in den Gesprächen mit meinen Mitarbeitern wurde mir immer wieder deutlich, dass Sie in besonderer Art und Weise versuchten, mitfühlend Ihren Vater, Ihren Ehemann auf seinem letzten Weg zu begleiten. Niemand lässt wohl jemanden, den man mag, der uns im Krankenhaus anvertraut wurde, leicht los. Aber hier war das Loslassen und in den letzten Stunden in der Nähe zu sein wohl auch tröstend für den, der von uns geht.*
*…*
*Sie haben in bewundernswerter Weise Ihrem Ehemann, Ihrem Vater beigestanden und somit uns auch die Pflichterfüllung leicht gemacht.*
*In der Hoffnung, dass Sie nach so langer schwerer Zeit innerlich wieder zur Ruhe kommen …*

Die Zeilen berührten mich zutiefst. Noch immer hatte ich die letzten Wochen vor Haralds Tod vor Augen … Beinahe zwei Monate lang mussten wir Haralds qualvollen Leidensweg mit ansehen. Das war fast schlimmer gewesen als die Nachricht, dass er für immer von uns gegangen war. Im Nachhinein frage ich mich, wer oder was uns die Kraft gab, die schwere Zeit durchzustehen.

Zwar hatte sich letztlich die Hoffnung auf Erlösung erfüllt, doch während ich an jenem Morgen, als die

Nachricht mich erreichte, noch Frieden empfunden hatte, traf mich der Verlust in den folgenden Wochen mit aller Härte.

Harald war unauslöschbar in meinen Gedanken. Ende Mai lief im NDR eine Wiederholung von *Harald & Eddi*. Sobald ich ihn auf dem Bildschirm sah, dachte ich: Mein Gott, Harald lebt! Ich sehe ihn und höre seine Stimme – aber gleich darauf stellte sich das Bewusstsein der Endgültigkeit seines Abschieds ein. Wie in einer Zeitschleife wurde ich so immer wieder an Haralds Tod erinnert; anstatt sich zu schließen, brach die Wunde jedes Mal von Neuem auf.

Gedenktage lassen Erinnerungen lebendig werden. Haralds fünfundsiebzigsten Geburtstag vor einem Jahr hatten wir noch im Katharinenhof gefeiert. Damals hatten wir noch nicht gewusst, dass er seinen sechsundsiebzigsten Geburtstag nicht mehr erleben würde.

Erst sechs Wochen waren vergangen, seit Harald verstorben war. Es kam mir so unendlich viel länger vor. Mittags fuhr ich mit Oliver zum Friedhof. Fans standen am Grab und legten andächtig Blumen nieder. Die Gärtnerei hatte das Grab sehr schön hergerichtet. Oliver und ich zündeten zwei große Kerzen an. Später am Abend, als keine anderen Menschen mehr dort waren, ging ich allein ein zweites Mal zum Friedhof und suchte in meiner Trauer Haralds Nähe.

Der Sommer war schwül-heiß. Der Garten beschäftigte mich über alle Maßen. Wie viel Arbeit und Liebe hatte ich in ihn investiert und uns eine kleine Oase geschaffen. Wie viele glückliche Stunden hatten wir hier verbracht ... Jetzt fehlte mir zunehmend die Kraft für die Gartenarbeit.

Mit Carin und Freunden verbrachte ich einige Sommertage auf Capri. Es war wie ein Traum, den ich erleben durfte und der mich zugleich traurig machte, weil ich dieses wundervolle Fleckchen Erde allzu gern mit Harald gemeinsam erlebt hätte.

Zurück in Berlin, hatte mich der Alltag mit seinen Verpflichtungen gleich wieder im Griff. Die Pflanzen auf Haralds Grab waren üppig gewachsen. Vor drei Monaten war Harald von uns gegangen. Ich stand am Grab und war unendlich traurig. Um mich herum herrschte Totenstille, kein Mensch weit und breit. Nur ein liebliches Vogelkonzert war zu hören. Mich erfasste eine Melancholie, die mich den ganzen Tag über begleitete. Bevor ich schlafen ging, sah ich mir die DVD von Haralds Trauerfeier an. Die Nachrufe gingen mir wieder sehr zu Herzen. Ich weinte hemmungslos und spürte, wie sich meine Trauer ein wenig löste. In gewisser Weise war diese Feier die letzte Handlung der Liebe gewesen, die ich ihm zum Abschied erwies.

Erst nach der Bestattung wird einem zunehmend bewusst, dass dieser Abschied endgültig war. Nichts stirbt, was in Erinnerung bleibt. An dem Gedanken versuchte ich mich festzuhalten, wenn der Kummer mich übermannte.

Im August besuchte mich Peter Gerlach, um mit mir auf den Friedhof zu gehen. In stillem Gedenken zündete er für Harald die Kerzen an. Nach dem ersten Erfolg der

Sendung *Musik ist Trumpf* im Jahr 1979 hatte sich zwischen Harald, Peter Gerlach und mir eine freundschaftliche Beziehung entwickelt, die sich im Laufe der Jahre verfestigt hatte und auch nach Haralds Tod standhielt. Peter Gerlach war nicht nur ein ehrlicher und liebenswerter Freund, sondern auch ein genialer Berater in allen Lebenslagen.

Als wir an Haralds Grab standen, spürte ich, dass ich ein klein wenig mehr Abstand gewonnen hatte. Aus unseren hellen Erinnerungen, die wir gegenseitig ausgetauscht hatten, schöpfte ich Zuversicht und Kraft.

Zutiefst erschüttert musste ich im Oktober 2007 zur Kenntnis nehmen, dass unser lieber Freund Peter Gerlach für immer von uns gegangen war. In München durfte ich ihm die letzte Ehre erweisen und Lebwohl sagen.

Jeder Mensch, der den Verlust eines geliebten Menschen erlebt, kennt die verschiedenen Phasen der Trauer. Nichts und niemand kann einem wirklich helfen. Doch aus dem Loslassen erwächst der Glaube, eines Tages die Trauer zu überwinden.

Unser gemeinsames Haus in der Lassenstraße war all die Jahre über unsere feste Burg gewesen, die uns vor der Außenwelt abschirmte. Seit ich allein darin lebte, war es zu meinem Kokon geworden, in den ich mich zurückzog. Zunehmend wurde mir bewusst, dass ich mich abnabeln musste von der Vergangenheit. Noch fehlte mir aber ein Konzept, um mein Leben in Zukunft zu gestalten. Ich schwamm ziellos im Meer und sah kein Ufer. Jedem Abschied wohnt ein

Anfang inne, heißt es. Doch in welche Richtung sollte ich mich bewegen? Wo war nur meine Kraft geblieben?

Schon seit geraumer Zeit machte ich mir Gedanken über Haralds Grabdenkmal. Ich machte es mir nicht leicht. Auch einen würdigen Text zu finden beschäftigte mich permanent. Ende Mai hatte ich mich mit dem Steinmetz auf dem Friedhof zu einem Vorgespräch getroffen.

Auf Haralds Grab blühten die weißen Begonien üppig, einem dichten Teppich gleich. War der Stein erst aufgestellt, so dachte ich, wäre das Begräbnis endgültig abgeschlossen.

Im Oktober besuchte mich meine Freundin Doris. Sie hatte immer ein offenes Ohr für meine Kümmernisse, und es tat wohl, sich aussprechen zu können. Gemeinsam gingen wir auf den Friedhof und besuchten auch Mamis Grab. Stundenlang gingen wir über Friedhöfe und schauten uns Grabmäler an. Es war beeindruckend, wie liebevoll viele Gräber gestaltet waren. Ich tat mich noch schwer mit der Entscheidung; einen dunklen Granitstein hatte ich in die engere Wahl gezogen.

Nach Rücksprache mit dem Steinmetz über meine Vorstellung fertigte er eine Schablone an, um sie auf Haralds Grab zu stellen und die Proportionen auszuloten. Eine Entscheidung musste jetzt getroffen werden.

Am 19. Oktober erschien in einem der Frauenmagazine ein Artikel mit der Überschrift

HARALD JUHNKE: SO EIN »ARMENGRAB«
HAT ER NICHT VERDIENT

Im Namen von Haralds Fans beschwerte sich die Journalistin darüber, dass kein Grabmal an Deutschlands größten Entertainer erinnere. Wahrhaftig ein feinfühliger Artikel.

Nach reiflicher Überlegung entschied ich mich für einen anthrazitgrauen Stein aus Lausitzer Granit. Schlank sollte er sein, aufrecht und elegant wie Harald.

♣

Um nicht in Lethargie zu versinken, bemühte ich mich, nach und nach wenigstens wieder am kulturellen Leben teilzunehmen. Auch meinen lieben Freundinnen wollte ich mich nicht länger entziehen.

Ich fragte mich des Öfteren, wie es anderen wohl erging, Menschen, die einen geliebten Angehörigen jahrelang bis zum Ende aller Tage begleitet haben. Das eigene Leben stellt man hintan, findet kaum Zeit und Muße, um Freundschaften zu pflegen, lebt permanent in Ängsten und droht zu vereinsamen. Zugleich ist man physisch und psychisch durch die ständige Anspannung belastet. Man verlernt es, auf sich selbst zu achten. Allein die Liebe lässt den Schmerz ertragen.

♣

Am 1. November holte mich der Steinmetz ab, um den Grabstein im Rohzustand zu begutachten. Ich war überrascht. Ohne Sockel würde der Stein etwa zwei Meter hoch sein, schmal, sich nach oben leicht verjüngend. Die Schrifttype war festgelegt, ebenso die Farbe der

Lettern – jetzt fehlte nur noch der Spruch. Wenn alles termingerecht lief, könnte der Stein Mitte Dezember auf einem Betonsockel fachgerecht aufgebaut werden.

Seit Wochen schon hatte ich mich in diversen Büchern inspirieren lassen. Das Zitat sollte einen Bezug zur Schauspielerei haben. In einem Buch des legendären Max Reinhardt, dem Mythos der deutschen Theatergeschichte, wurde ich schließlich fündig.

Ende November fiel der erste Schnee. Über Nacht hatte der Winter Einzug gehalten. Die Gräber waren mit Tanne eingedeckt. Zum Totensonntag legte ich ein Sternengesteck auf Haralds Grab. Die Adventszeit stimmte mich melancholisch. Wir hatten Harald in den letzten Jahren unsere liebevolle Zuneigung geschenkt, so gut wir es konnten. Es tat weh, diese große Lücke zu spüren.

Leben heißt Lernen. Eines Tages werde ich meine Trauer verarbeitet haben und mit anderen Gefühlen an Haralds Grab stehen.

Oliver und ich sehnten den Tag herbei, an dem der Gedenkstein gesetzt würde. Kurz vor Weihnachten, am 20. Dezember, war es so weit. Ich hatte einen Kranz aus Tanne, roten Rosen und einer roten Samtschleife vorbereitet. Als wir uns auf der Allee dem Grab näherten, sahen wir schon von Weitem den Grabstein stehen.

Andächtig und voller Bewunderung standen wir zum ersten Mal davor. In schlichten goldenen Lettern war die Inschrift zu lesen.

## HARALD JUHNKE

\* 10. JUNI 1929

† 1. APRIL 2005

Auf der Rückseite das eingravierte Zitat von Max Reinhardt:

DER WAHRE SCHAUSPIELER
IST VON DER UNBÄNDIGEN LUST GETRIEBEN,
SICH UNAUFHÖRLICH IN ANDERE MENSCHEN
ZU VERWANDELN,
UM IN DEN ANDEREN AM ENDE
SICH SELBST ZU ENTDECKEN.

**MAX REINHARDT**

Harald hatte ein würdiges Denkmal erhalten. Oliver und ich stellten Altarkerzen zu beiden Seiten des Grabmals auf und entzündeten sie. Das Ehrengrab der Stadt Berlin hätte Harald mit Stolz erfüllt.

Ich war erleichtert, spürte, wie Freude in mir aufkam.

Drei Tage später titelte die *Bild*-Zeitung: »Endlich hat Harald einen Grabstein«. Zusätzlich waren ein Foto und das Zitat abgedruckt.

🐞

Heiligabend – das erste Weihnachtsfest ohne Harald. Wie schon im vergangenen Jahr war es Carin, die Oliver und mich auffing und uns kurzerhand zu sich einlud, um im vertrauten Familienkreis zu feiern. Ich musste an mich halten, um keine Sentimentalitäten aufkommen zu lassen. Wir verlebten einen friedlichen und festlichen Abend, wie er harmonischer nicht hätte sein können.

Am ersten Weihnachtsfeiertag gingen Oliver und ich nachmittags zu Mamis Grab und später, als es schon dämmerte, zu Haralds. Wir waren die Einzigen zu dieser späten Stunde. Ein Lichtermeer erinnerte an die Menschen, die von ihren Lieben vermisst wurden.

Als ich an Haralds Grab stand, erfüllten mich zum ersten Mal seit Langem wieder Ruhe und Frieden. Ich hoffte, dass der Schatten der Trauer in Zukunft nicht mehr mein ständiger Begleiter sein würde.

Am zweiten Feiertag läutete ab 10 Uhr pausenlos das Telefon. Mir wurde bewusst, dass ich Geburtstag hatte. Früher hatte immer Mami zu den Ersten gehört, die anriefen, um mir zu gratulieren. Ich hatte den Klang ihrer Stimme noch genau im Ohr: »Kätzchen, ich freue mich, dass du geboren bist und hast Geburtstag heut«, sang sie.

Nach einer großen Geburtstagsfeier war mir in diesem Jahr nicht zumute. Doch ich freute mich über die schönen Blumen, die angeliefert wurden, und über die zahlreichen Anrufe von lieben Freunden aus nah und fern. Harald hatte mir immer Baccararosen geschenkt. Es war das fünfte Jahr, dass ich sie vermisste. Nun bekam Harald die Rosen von mir auf sein Grab …

Später am Abend kam Carin vorbei, und wir redeten bei Kerzenlicht und leiser Musik über unsere schönen Zeiten.

Dem letzten Tag des Jahres sehe ich immer mit gemischten Gefühlen entgegen.

So kam die Überraschung zum rechten Zeitpunkt. Carin hatte sechs engste Freundinnen, allesamt jung verwitwet, zum Silvesterkonzert in die Philharmonie eingeladen.

Im Anschluss fuhren wir zum Schlosshotel im Grunewald zu einem festlichen Dinner. Dementsprechend elegant hatten sich die Ladys gekleidet. Wir kannten einander seit ewigen Zeiten und hatten uns viel zu erzählen, aus glücklichen und weniger guten Tagen. Die letzten Stunden des Jahres vergingen wie im Fluge.

Die Gläser waren gefüllt, und der Countdown lief, um das neue Jahr zu begrüßen.

Wir trafen noch etliche Freunde, mit denen wir den Abend ausklingen ließen, frohen Mutes und in der Hoffnung auf ein gutes neues Jahr.

Den ersten Tag des neuen Jahres wollte ich zuversichtlich angehen. Ich nahm mein Frühstückstablett mit ins Wohnzimmer und setzte mich vor den Fernseher, um das Neujahrskonzert der Wiener Philharmoniker aus dem Musikverein anzuhören, dirigiert von Mariss Jansons.

Ich schwankte zwischen innerer Gelassenheit und Melancholie. Die Musik ließ mich schweben, in Gedanken hatte ich gerade mit Harald den »Kaiserwalzer« und »An der schönen blauen Donau« getanzt. Nie werde ich vergessen, wie wir Jahre zuvor voller Enthusiasmus beim »Radetzkymarsch« mitgeklatscht hatten.

Für das neue Jahr hatte ich mir vorgenommen, die Erinnerungen an die glücklichen Zeiten wachzuhalten und mich wieder mehr dem realen Leben zuzuwenden. Ich durfte mich nicht länger so intensiv mit dem Thema Tod und Sterben beschäftigen. Ich musste in das Land der Lebenden zurückkehren.

Doch die meisten guten Vorsätze bleiben Wunschgedanken. Es braucht Zeit, um die Wunde zu heilen, die Haralds Tod hinterlassen hat.

Als Haralds erster Todestag sich näherte, drängten die Zeitungen auf ein Interview. Ich kam nicht zur Ruhe.

Ich wusste, dass niemand mir helfen konnte. Nur ich selbst konnte mein Geschick in die Hand nehmen.

Es gab Menschen, die ganz andere Probleme hatten. Jeder Mensch ist ein Individuum und setzt seine Gefühle und seinen Intellekt anders um. All die Jahre hatte ich mich den Herausforderungen des Lebens gestellt und mit aller Kraft versucht, es zu bewältigen. Heute stelle ich mich hoffnungsvoll einem neuen Ziel.

Was bleibt, ist die Liebe.

# DREIZEHNTES KAPITEL

## »Und plötzlich spürst Du so etwas wie eine Leere in Dir« – Das Leben ohne Harald

*Man kann das Leben nur rückwärts verstehen und nur vorwärts leben.*

SÖREN KIERKEGAARD

Die Endgültigkeit des Todes ist eines jener Phänomene, die wir Menschen nur schwer begreifen können. Ein langer Weg lag vor mir, um aus dem Dunkel wieder ans Licht zu finden. Auch heute noch, mehr als zehn Jahre später, spüre ich, wie sich Trauer und Abschiedsschmerz anfühlen.

Doch wie sehr zählen die kleinen Glücksmomente im Leben! In der Adventszeit im Jahr 2006 lief mir eines Tages eine kleine, grau getigerte Katze zu. Es dämmerte schon. Nach einer Stunde setzte ich sie wieder in den Garten, damit sie zurück in ihr Zuhause laufen konnte. Weit gefehlt! Sie wollte ganz offensichtlich bei mir bleiben. Niemand aus der Nachbarschaft vermisste eine Katze, und so zog Mieze, wie ich sie nannte, bei mir ein.

Damals ging es mir nicht aus dem Sinn, dass meine Mutter sie mir geschickt haben könnte, denn sie hatte mir, als ich noch klein war, den Kosenamen »Katze« gegeben. Eine Katze hatte auch zu unserer Familie gehört und mich durch meine Kindheit begleitet.

Mieze brachte Leben, Glück, Freude und Spielmäuschen ins Haus. Es tat so wohl, mich um das kleine Wesen kümmern zu können. Bis zu einem gewissen Grad bestimmte Mieze meinen Tagesablauf – und tut es noch heute. Wenn ich mich einsam fühle, geben wir uns gegenseitig Streicheleinheiten. Sie sagt mir unmissverständlich, was sie will, und es fällt mir nicht schwer, ihre Sprache zu verstehen.

Mieze ist ein fühlendes Wesen; wir beide respektieren uns als Individuen, etwas, das in zwischenmenschlichen Beziehungen nicht immer funktioniert. Und auch wenn ich Mieze nicht mit einem Menschen vergleichen möchte, tut es wohl, Zuneigung zu schenken und zu empfangen.

Mieze liebte den Garten in der Lassenstraße und gesellte sich oft zu mir, wenn ich mich dort aufhielt. Ich brauchte immer Aktivität. Wenn die Sonne schien, fiel es mir leichter, die trüben Gedanken zu vertreiben, indem ich meine Arbeitswut im Garten auslebte. Ich spürte, wie ich nach und nach ruhiger und gelassener wurde.

Jedes Frühjahr entdeckte ich voller Freude die ersten Knospen und zarten Spitzen der Krokusse und Tulpen.

Alle Jahre wieder der gleiche betörende Zauber. Die Natur erwachte aus ihrem Winterschlaf. Eines Tages würde auch ich aus dem Winterblues erwachen.

Als ich begriff, dass Harald nie wieder nach Hause kommen, nie wieder im Sommer an seinem Lieblingsplatz, dem Gartenzelt am Pool, sitzen würde, wurden meine Gedanken, mich vom Haus zu trennen, immer konkreter – auch aus wirtschaftlichen Gründen. Durch einen glücklichen Zufall lernte ich im März 2008 Interessenten kennen, die das Haus kaufen wollten. Plötzlich ging alles sehr schnell. Noch im selben Monat setzte unser Anwalt den Kaufvertrag auf, und ich besiegelte das Notariat mit meiner Unterschrift.

Ich konnte es kaum fassen. Fünfundzwanzig Jahre zuvor, im August 1983, hatten Harald und ich das Haus gekauft. Damals waren wir überglücklich gewesen, stolze Hausbesitzer zu sein. Für Harald war mit seiner Unterschrift das Wichtigste erledigt gewesen. Alles Weitere oblag mir – angefangen bei den Renovierungsarbeiten, der Auswahl der Firmen und Handwerker, der Neugestaltung der Bäder bis hin zur Kücheneinrichtung, kurz: die gesamte Inneneinrichtung. Mit Hingabe und Liebe zum Detail hatte ich unser Nest hergerichtet.

Was im Frühjahr 2008 auf mich zukam, sollte mein letzter Kraftakt sein. Ich kann, weil ich will, was ich muss, prägte ich mir ein. Den Auszug hatte ich herbeigesehnt; nun hieß es, ihn in die Tat umzusetzen und einen Schlussstrich zu ziehen. Mir blieben lediglich drei Monate Zeit, am 1. Juli war bereits die Schlüsselübergabe. Der enge Zeitrahmen löste eine Panikattacke nach der nächsten in mir aus. Womit sollte ich anfangen? Alles musste raus! Noch stand in den Sternen, wo ich künftig mit Mieze leben würde.

Zugleich wurde mir bewusst, dass dies der letzte Frühling war, den ich in meinem Garten erleben würde. Ich hätte es nie übers Herz gebracht, ihn zu vernachlässigen. Außerdem hätte ich ein schlechtes Gewissen gehabt, den neuen Eigentümern einen ungepflegten Garten zu überlassen. Naturgemäß sind die Arbeiten im Frühjahr besonders intensiv und fordern ihren Tribut. Andererseits setzt das Frühlingserwachen in uns Menschen auch Kräfte frei. Als Erstes kam der Rasenmäher zum Einsatz. Danach der Vertikutierer. Anschließend Grassamen nachsäen, die Gartenabfälle in Abfallsäcke füllen, den Rasen sanden und wässern. Acht Stunden brauchte ich für die Prozedur. Während ich meinen Garten so passioniert hegte und pflegte, festigten sich meine Erinnerungen an glückliche Zeiten und halfen mir, in Dankbarkeit loszulassen.

Am 5. April 2008 widmete der NDR Harald anlässlich seines dritten Todestages das Abendprogramm. Es begann mit *Ein Abend mit Harald Juhnke – Barfuß oder Lackschuh,* gefolgt von der Satire *Schtonk!* aus dem Jahr 1991 und *Vor Sonnenuntergang,* ein Melodram von 1999 nach Gerhart Hauptmann, einem von Haralds letzten TV-Filmen. Noch immer war er mir so nah, als wäre die Zeit stehen geblieben.

Im Wonnemonat Mai zeigte sich die Natur von ihrer schönsten und jungfräulichsten Seite. Die Luft war betörend mit Blumenduft geschwängert. Nie zuvor hatte ich so intensiv den Blick durch den Garten schweifen lassen. Ich sah Harald vor mir, wie er sich zurückzog, um Text zu lernen, und dachte an die lauen Sommernächte nach dem Theater, wenn wir im Gartenzelt vor dem Pool saßen und einfach nur glücklich waren.

Während die Übergabe des Hauses mit jedem Tag näher rückte, war es meine wichtigste Aufgabe, eine Logistik zu erstellen, um nicht kopflos vorzugehen. Es war ein Wettlauf mit der Zeit, den gesamten Hausstand auszuräumen beziehungsweise aufzulösen. Die Angst und Panik, es nicht fristgerecht zu schaffen, liefen permanent mit. Für Sentimentalitäten blieb kein Spielraum mehr. Ich war bereit, mich von vielem zu trennen, was ich in Zukunft nie wieder brauchen und auch nicht vermissen würde. All das Überflüssige loszulassen war wie ein Befreiungsakt. Als Erstes entrümpelte ich die Kellerräume und den Dachboden. Damit schuf ich reichlich Platz zum Stapeln von gepackten Umzugskartons. Ich ging mit dem Albtraum »Kisten packen« schlafen und wachte mit den gleichen panischen Gedanken auf. Die einzige Lösung hieß: vorwärts.

An die hundert Kartons zählte ich allein für Bücher und Aktenordner, die CDs, DVDs und Videokassetten nicht eingerechnet. Es war ein seltsames Gefühl, vor der leeren Bücherwand und den Regalen zu sitzen. Ich hauste mehr, als dass ich noch wohnte. Aus unserem Zuhause war ein Durchgangsquartier geworden.

Jeder Winkel des Hauses war mit Erinnerungen verbunden – ganz besonders als ich mich Haralds Nachlass widmete. Es waren keine bloßen Gegenstände, die ich sorgsam einpackte, sondern Zeugnisse seines Lebens. Ich schrieb Harald einen Brief in den Himmel:

*Liebster Harald,*
*heute verlässt Dein persönlicher Nachlass als Erstes*
*Deine geliebte Lassenstraße. Ich habe in den letzten*
*Jahren so gut wie nichts davon entsorgt.*
*Tausende Presseausschnitte, Fotos, Briefe, Programm-*
*hefte, Kritiken, Verträge, Drehbücher, Auszeichnungen*
*wie das Bambi und die Goldenen Kameras und viele*
*andere Preise, die Du für Deine Leistungen absahnen*
*durftest, Video-Tapes, Aufzeichnungen von Interviews,*
*Geschenke von Fans, Fotoalben Deiner Eltern,*
*Zigarren, der Humidor von Davidoff, Kleidung,*
*Hüte, Smokings ... all dies ging mehrfach durch*
*meine Hände.*
*Das Traurigste sind die Dokumente von Deiner Trauerfeier*
*und Beisetzung.*
*Alles wird bei Carin im Haus zwischengelagert, bis es*
*irgendwann einen würdigen Ort findet, vielleicht einmal*
*in einem Film- oder Fernseharchiv.*
*Unvergessen, im Himmel wie auf Erden ...*

Am 10. Juni 2008, Haralds Geburtstag, zeigte mir Oliver im Internet eine Wohnung. Wir vereinbarten sofort einen Besichtigungstermin. Eine schönere Wohnung werde ich nicht so schnell finden!, dachte ich und schloss umgehend einen Mietvertrag ab. Endlich konnte ich meinen eigenen Umzug planen.

Schließlich war der Tag gekommen, an dem ich unser Haus für immer verließ, um in eine neue Zukunft zu blicken. Am 1. Juli, nach der Schlüsselübergabe, schlief ich zum ersten Mal in der neuen Wohnung.

»Ein neues Leben kannst du nicht anfangen, aber täglich einen neuen Tag«, lautet ein Zitat von Henry David Thoreau. Schon bald spürte ich die Wahrheit dieser Zeilen mit jeder Faser meines Herzens.

Und dennoch: Die Ortsveränderung hatte nicht wesentlich dazu beigetragen, meiner Einsamkeit zu entfliehen. Melancholie ist der Spiegel meiner Seele.

In meinem Leben hatte sich vieles gravierend verändert: in erster Linie mein Gemütszustand, meine Lebensfreude und meine Tatkraft. Das Vertrauen in mich selbst und mein Glaube an mich waren aus dem Gleichgewicht geraten.

Wer macht sich eigentlich Gedanken über die Angehörigen, die den langen und leidvollen Weg begleitet haben und am Ende vielleicht selbst krank geworden sind?, fragte ich mich. Nicht nur der Stress des Berufslebens kann uns ausbrennen, auch die Belastung durch die unheilbare Krankheit eines geliebten Menschen.

An unserem vierzigsten Hochzeitstag, am 8. April 2011, waren meine Gedanken bei Harald:

*Und plötzlich spürst Du so etwas wie eine Leere in Dir,*
*eine schmerzvolle Lücke. Von einem Moment zum*
*anderen trifft es Dich wie ein Stich ins Herz. Auf*
*einmal wird Dir bewusst, dass Du nicht mehr*
*kommunizieren kannst, nicht mehr fragen kannst:*
*»Wie geht es Dir?«*
*Die Stimme ist verstummt – für immer!*

Immer wieder stellte ich mir in den folgenden Monaten die Frage: Für wen und wofür lebe ich?

Das Haus Lassenstraße 1 existiert nicht mehr, unwiederbringlich gehört es der Vergangenheit an. Doch die Erinnerung bleibt für alle Zeit.

Ich saß mit Freundinnen am Hagenplatz beim Italiener, als Oliver mich auf dem Handy erreichte und mir erzählte, dass unser altes Haus heute abgerissen worden sei.

Gleich nach dem Essen fuhren wir zur Lassenstraße. Der Blick durch den Bauzaun in der Abenddämmerung bot ein gespenstisches Szenario. Wie nach einem Erdbeben sah es aus. An dieser Stelle hatte das Haus gestanden, das so lange unser Familienheim gewesen war. Es war schmerzhaft, aber jede Ära hat nun mal einen Anfang und ein Ende, auch wenn es von einer gewissen Wehmut begleitet ist und ich es noch nicht wirklich realisieren konnte.

Am 10. Juni 2014, Haralds fünfundachtzigstem Geburtstag, wurde er mit einer »Berliner Gedenktafel« auf dem Grundstück in der Lassenstraße 1 geehrt. Zahlreiche Fans, Kollegen und Freunde waren zu dem Anlass gekommen, unter ihnen Judy Winter und Barbara Schöne, unsere Freunde und Kunstsammler Ulla und Heiner Pietzsch, Martin Woelffer von den Kudamm-Bühnen, Friedrich Barner von der Schaubühne und Volker Ludwig, der das Grips-Theater gegründet und in den Sechzigerjahren Lieder für Harald geschrieben hatte. Die Laudatio hielt der Regierende Bürgermeister Klaus Wowereit. Gemeinsam mit ihm enthüllte ich die Tafel:

## BERLINER GEDENKTAFEL

DIE BÜHNE WAR SEIN LEBEN
IN DEM VORMALS HIER STEHENDEN HAUS
LEBTE VON 1983 BIS 2001

### HARALD JUHNKE

IN ROLLEN DES JUGENDLICHEN LIEBHABERS
UND KOMÖDIANTEN
IST ER IN THEATER UND FILM BEKANNT
GEWORDEN UND ÜBERZEUGTE AUCH ALS
CHARAKTERDARSTELLER
IN FERNSEHSHOWS BEGEISTERTE
DER ENTERTAINER UND SÄNGER
EIN MILLIONENPUBLIKUM

Zum Abschluss erklang »My Way«, jenes Lied, das wie
kein anderes für Haralds Lebensmotto stand:

*Was ich im Leben tat,*
*das war bestimmt nicht immer richtig.*
*Ich nahm, was ich bekam,*
*und nahm manches nicht so wichtig.*
*Wenn ich auch ganz gewiss*
*mich nicht von Schuld und Schwächen frei seh,*
*verzeih'n Sie, wenn ich sag*
*I Did It My Way*

*Ich kenn das Auf und Ab*
*den Jubel und die bitt'ren Tränen*
*Ich stand auch oft am Rand*
*das brauch ich wohl nicht zu erwähnen*

*Es ist für mich ein Trost*
*dass ich trotz allem nicht entzwei geh*
*Verzeih'n Sie wenn ich sag*
*I Did It My Way*

*Und dennoch denk ich gern zurück*
*Ich hatte Glück verdammt viel Glück*
*Ich kann zu vielen Freunden geh'n*
*die sich sehr freu'n, wenn sie mich seh'n*
*und ohne Groll den Satz versteh'n*
*I Did It My Way*

*Ich hab ein Publikum*
*und darauf kann ich mich verlassen.*
*Es nahm und nimmt nichts krumm.*
*Ich kann das manchmal kaum noch fassen.*
*Ich hab auch eine Frau,*
*an der ich jetzt beschämt vorbeiseh*
*zu oft hat sie gehört*
*I Did It My Way*

*Und dennoch denk ich gern zurück*
*Ich hatte Glück verdammt viel Glück*
*Ich kann zu vielen Freunden geh'n*
*die sich sehr freu'n, wenn sie mich seh'n*
*Und ohne Groll den Satz versteh'n*
*I Did It My Way*

Mit seinem Song war Harald wieder unter uns. Dankbar dachte ich, wie schön es war, dass das Andenken an Harald an diesem Ort erhalten blieb.

226

Ich brauche Ruhe, um mich auf mich selbst zu besinnen. Werde ich mich jemals finden?

Lange Zeit wusste ich nicht mehr, wohin ich gehöre. Ich hatte keinen Lebensinhalt und keinen Fixpunkt mehr. Das mag banal klingen und undankbar. Sicher gibt es tausendmal schwerere Schicksale als meines.

Ich hatte mich in den Irrungen und Wirrungen meiner eigenen Gefühle verloren, meine Lebensstruktur war aus dem Ruder geraten.

Innerlich hatte ich mich in dieser Zeit immer mehr zurückgezogen, auch von den Freunden, denen ich vertraue und die mir sehr nahestehen.

Doch es gab auch damals noch einige Menschen, Orte, Dinge, die ich dankend umarmen, sehen und erleben wollte. Die Natur des Frühlingserwachens erleben, wenn alles grünt und blüht, den Duft von Erde und frisch gemähtem Gras einatmen. Dem Vogelgezwitscher nach Sonnenaufgang lauschen und dem glutroten Sonnenuntergang am Horizont zusehen, in den klaren Himmel schauen und die leuchtenden Sterne zählen und glücklich einschlafen können.

Was ist Glück und was ist Unglück? Nach Glück kann man nicht streben, es sind vielmehr die Emotionen eines Augenblicks, die man spontan als Glücksgefühle empfindet. Die Erinnerungen allein würden mir auch nicht weiterhelfen, weil sie die Zeit definitiv nicht zurückbringen.

Noch nie hatte ich es so bewusst empfunden, wie schnell die Tage, Wochen und Monate vergingen, gleich wie der Sand durch die Sanduhr rinnt. Vielleicht lag es daran, dass ich nur noch grübelte, auf der Suche nach meiner eigenen Identität, um meinem Leben einen Sinn zu geben. Ich fühlte mich ausgebrannt.

Ich schäme mich vor mir selbst, diese Schwäche zuzugeben. Stärke war doch immer mein Potenzial. Vielleicht hatte ich in all den Jahren unbewusst die Grenzen meiner eigenen Belastbarkeit überschritten. Die Frage, ob ich selbst Schaden nehmen könnte, hatte ich mir nie gestellt. Es liegt mir fern, irgendjemanden dafür verantwortlich zu machen. Aufgeben wollte ich nie, und nun musste ich mir eingestehen, dass ich mich überschätzt hatte. Hilf dir selbst, so hilft dir Gott, ist immer meine Devise gewesen, bis zum heutigen Tag.

Ich versuchte meinen Gedanken etwas entgegenzusetzen und mich von negativen Einflüssen nicht beirren zu lassen. Wenn ich dann irgendwann müde zu Bett ging, dachte ich, morgen ist ein neuer Tag.

&

Mit dem Abstand von zehn Jahren habe ich mir noch einmal die Vergangenheit vor Augen geführt. Die Erfahrungen, die ich gemacht habe, bestehen nicht darin, was ich erlebt habe, sondern in dem, was ich aus dem Erlebten gelernt habe.

Rückblickend kann ich sagen, dass mein Leben einen Sinn hatte – auch wenn es mir zu der damaligen Zeit manchmal alles andere als sinnvoll vorkam. Ich habe mein Versprechen gehalten, in guten und in schlechten Zeiten.

&

Um mich aus meiner Isolation zu befreien, habe ich mir vorgenommen, mich wieder mehr dem Hier und Jetzt zuzuwenden. Ich widme mich wieder öfter meinem Hobby – Golfspielen ist das Einzige, was den Kopf frei macht, und körperliche Bewegung an frischer Luft ist eine Wohltat.

Ich verabrede mich wieder öfter mit meinen Freundinnen. Durch positive Gespräche komme ich auf andere Gedanken. Die Liebe zum Theater ist aus meinem Leben nicht wegzudenken. Ebenso gehören Klassikkonzerte und Kunstausstellungen dazu. Alles, was den eigenen Horizont erweitert, ist Lebensfreude und trägt zum Wohlbefinden bei.

Viele liebe Weggefährten und Freunde sind in letzter Zeit von mir gegangen. Umso bewusster pflege ich meinen alten Freundeskreis. Ich bin zu jung, um nur in der Vergangenheit zu leben.

Wir schmieden Zukunftspläne und unternehmen gemeinsam Kurzreisen an Orte, die ich immer auch mit Harald verbinde, und schaffen uns neue Erinnerungen.

&

Mit diesen Zeilen ist Haralds Geschichte zu Ende erzählt, und damit schließt sich auch sein Lebenskreis. Und wieder schicke ich meine Gedanken in den Himmel in der Hoffnung, dass sie ihn erreichen!

*Zum 45. Hochzeitstag am 8. April 2016*
*Ich stelle mir Fragen über Fragen und finde keine Antwort.*
*Warum musstest Du viel zu früh von uns gehen?*

*Wir hatten doch noch so viel Schönes vor im Leben.*
*Vor einer Woche, am 1. April, standen Oliver*
*und ich an Deinem Grab, um Dir rote Rosen zu bringen,*
*und zündeten Kerzen im Gedenken an Dich an.*
*Wie all die Jahre zuvor liegt ein Kranzgebinde auf*
*dem Grab:*

    *IN DANKBARKEIT – PETER WOLF*

*Voller Liebe und Wehmut denke ich heute an Dich und*
*lasse nur die hellen Erinnerungen aufleben.*
*Wenn ich nachts in den Sternenhimmel schaue, höre ich*
*Deine vertraute Stimme in meinem Ohr klingen:*
*Irgendwann geht jeder fort …*

ANHANG

## Anmerkungen

1 Harald Juhnke: *Na wenn schon. Die Kunst, ein Mensch zu sein,* Frankfurt a.M. / Berlin 1994 (Taschenbuchausgabe), S. 287

2 »Love changes everything«, aus dem Musical *Aspects of Love* von Andrew Lloyd Webber; deutscher Text von Michael Kunze: »Wer versteht, was Liebe ist«

3 Oliver Sacks: *Der einarmige Pianist. Über Musik und das Gehirn,* Reinbek bei Hamburg 2007, S. 410

4 »Irgendwann geht jeder fort«, Musik und Text: Karin Sarbach, AutoBahn Musik GmbH, Edition Koch Records

## Bildnachweise

oder eventuelle Rechtsnachfolger, sich mit ihm in Verbindung zu setzen. Er verpflichtet sich, rechtmäßige Ansprüche nach den üblichen Honorarsätzen zu vergüten.

## *Allgemein zu Harald Juhnke*

Eine umfassende Übersicht über Harald Juhnkes reiches künstlerisches Schaffen findet sich im Anhang seines Buches *Meine sieben Leben,* Reinbek bei Hamburg 1998 (Taschenbuchausgabe 2001); nur noch antiquarisch erhältlich.

Ergänzend finden sich Informationen über seine 142 Sprechrollen u.a. in folgender Synchronkartei: https://www.synchronkartei.de/?action=show&type=talker&id=313

Harald Juhnkes letztes großes, zweistündiges Interview fand 1998 in seinem Haus in der Lassenstraße statt:

Irmgard von zur Mühlen im Gespräch mit Harald Juhnke, https://youtu.be/9wMZOjuV42k

## *Buchempfehlungen von und über Harald Juhnke*

Harald Juhnke: *Die Kunst, ein Mensch zu sein.*
  *Erinnerungen,* München 1980
ders.: *Alkohol ist keine Lösung,* München 1982
ders.: *Na wenn schon. Die Kunst, ein Mensch zu*
  *sein* (Neuausgabe), Frankfurt a.M. / Berlin 1987

ders.: *Was ich Ihnen noch sagen wollte,* München
1994

ders.: *Meine sieben Leben,* Reinbek bei Hamburg
1998

Susanne Juhnke: *In guten und in schlechten Tagen.*
*Mein Leben,* München 2004

Rüdiger Schaper: *Harald Juhnke. Der Entertainer*
*der Nation zwischen Glamour und Gosse,*
Frankfurt a. M. 1996

## Hilfreiche Adressen zu Demenz und Alzheimer
*(eine Auswahl)*

**Deutsche Alzheimer Gesellschaft e. V.**
*Eine Selbsthilfeorganisation, die sich bundesweit*
*für die Verbesserung der Situation Demenzkranker*
*und ihrer Familien einsetzt.*
Friedrichstraße 236
10969 Berlin-Kreuzberg
Tel. 030/2 59 37 95-0
https://www.deutsche-alzheimer.de

Zum Service gehören auch Informationsblätter sowie
eine umfangreiche Literaturliste mit empfehlens-
werten Büchern:
https://www.deutsche-alzheimer.de/unser-service/
informationsblaetter-downloads.html
https://www.deutsche-alzheimer.de/fileadmin/alz/
pdf/literaturempfehlungen_dalzg.pdf

**Dialogforum Demenz**
*Eine Organisation, die sich für eine gesellschaftliche*
*Teilhabe von Demenzerkrankten einsetzt.*
Koordinierungsstelle Dialogforum Demenz
c/o Miller & Meier Consulting GmbH
Französische Straße 55
10117 Berlin
Tel. 0 30/28 87 65 90
http://www.dialogforum-demenz.de

**AlzheimerForum**
*Eine Initiative für Angehörige von Alzheimer-*
*Patienten im Raum Berlin.*
Tel.: 0 30/47 37 89 95
Webseite mit vielen nützlichen Links:
http://www.alzheimerforum.de

&

In zahlreichen deutschen Städten finden sich Alz-
heimer- und Demenz-Gruppen für Angehörige und
Patienten. Sie bieten Informationen und konkrete
Hilfe. Eine kleine Auswahl:

**Alzheimer Gesellschaft Berlin e.V.**
http://www.alzheimer-berlin.de

**Alzheimer Gesellschaft Frankfurt am Main e.V.**
http://www.frankfurt-alzheimer.de

**Alzheimer Gesellschaft Hamburg e.V.**
http://www.alzheimer-hamburg.de

**Alzheimer Gesellschaft Köln e.V.**
http://www.alzheimer-koeln.de

**Alzheimer Gesellschaft München e.V.**
http://www.agm-online.de/agm-home.html

**Österreichische Alzheimer-Gesellschaft**
http://www.alzheimer-gesellschaft.at

**Schweizerische Alzheimervereinigung**
http://www.alz.ch

Das **Bundesministerium für Familie, Senioren, Frauen und Jugend** hat zum Thema Demenz und Alzheimer eigene Seiten ins Internet gestellt, die eine umfangreiche Information und Beratung bieten:
http://www.wegweiser-demenz.de/startseite.html

Telefonische und E-Mail-Beratung:
Sie erreichen das **Alzheimer-Telefon** Montag bis Donnerstag von 9.00 bis 18.00 Uhr und freitags von 9.00 bis 15.00 Uhr unter der Telefonnummer 030/259 37 95 14 oder über die Servicenummer 01803/17 10 17.
https://www.wegweiser-demenz.de/hilfe/alzheimer-telefon/alzheimer-telefon-info.html

**E-Mail-Beratung** über:
https://www.wegweiser-demenz.de/no_cache/hilfe/alzheimer-telefon/email-beratung.html

# Literaturempfehlungen

## Alkoholismus

Simon Borowiak: *Alk. Fast ein medizinisches Sachbuch,* München 2007

Hans Fallada: *Der Trinker,* Berlin 2011[4]

Sabine Haberkern: *Mutmachbuch für ein Leben ohne Alkohol. Betroffene aus Nachsorgegruppen berichten,* Baltmannsweiler 2008

Harald Juhnke: *Alkohol ist keine Lösung,* München 1982

Johannes Lindenmeyer: *Lieber schlau als blau. Entstehung und Behandlung von Alkohol- und Medikamentenabhängigkeit,* Weinheim 2010

Ralf Schneider: *Die Suchtfibel. Wie Abhängigkeit entsteht und wie man sich daraus befreit. Informationen für Betroffene, Angehörige und Interessierte,* Baltmannsweiler 2015

Daniel Schreiber: *Nüchtern. Über das Trinken und das Glück.* Frankfurt a.M. 2016

## Angst und Depression

Uwe Hauck: *Depression abzugeben,* Köln 2017

Rolf Merkl: *Wenn das Leben zur Last wird. Depressionen überwinden, ins Leben zurückkehren,* Mannheim 2001

Fritz Riemann: *Grundformen der Angst,* München 2013[5]

ders.: *Die Kunst des Alterns. Reifen und Loslassen,* München 2011[6]

David Servan-Schreiber: *Die Neue Medizin der Emotionen. Stress, Angst, Depression: Gesund werden ohne Medikamente.* München 2006

**Demenz**

Arno Geiger: *Der alte König in seinem Exil,* München 2012

Inge Jens: *Unvollständige Erinnerungen,* Reinbek bei Hamburg 2009

dies.: *Langsames Entschwinden. Leben mit einem Demenzkranken,* Reinbek bei Hamburg 2016

Michael Nehls: *Die Alzheimer-Lüge. Die Wahrheit über eine vermeidbare Krankheit,* München 2014

ders.: *Alzheimer ist heilbar. Rechtzeitig zurück in ein gesundes Leben,* München 2015

Gudrun Schaade: *Demenz. Therapeutische Behandlungsansätze für alle Stadien der Erkrankung,* Frankfurt a.M. 2009

Bettina Tietjen: *Unter Tränen gelacht. Mein Vater, die Demenz und ich,* München 2015

**Lebens- und Trauerbewältigung**

Jorge Bucay: *Das Buch der Trauer. Wege aus Schmerz und Verlust,* Frankfurt a.M. 2015

Verena Kast: *Wir sind immer unterwegs. Gedanken zur Individuation,* Ostfildern 1998

Elisabeth Kübler-Ross: *Erfülltes Leben – würdiges Sterben,* München 2012

dies.: *Verstehen, was Sterbende sagen wollen. Einführung in ihre symbolische Sprache,* München 2008

dies.: *Was können wir noch tun? Antworten auf*
*Fragen nach Sterben und Tod,* Freiburg i.Br. 2012

Shirley Michaela Seul: *Hospizarbeit und Palliativ-*
*betreuung: für einen Abschied in Würde,*
München 2009

Monika Specht-Tomann: *Bis zuletzt an deiner Seite.*
*Begleitung und Pflege schwerkranker und*
*sterbender Menschen,* München 2008